Ernst Hutschenreiter

**Moderne Faust-Szenen**

Ernst Hutschenreiter

**Moderne Faust-Szenen**

ISBN/EAN: 9783743439672

Hergestellt in Europa, USA, Kanada, Australien, Japan

Cover: Foto ©Thomas Meinert / pixelio.de

Manufactured and distributed by brebook publishing software
(www.brebook.com)

Ernst Hutschenreiter

**Moderne Faust-Szenen**

# Moderne
# Faust=Scenen

von

# Ernst Hutschenreiter.

Dresden, Leipzig und Wien.
E. Pierson's Verlag.
1895.

# Am Grabe der Mutter.

Faust:

Hold verklärten Angesichtes,
Theure Mutter, sieh herab
Aus der Welt des ew'gen Lichtes,
Sieh den Sohn an deinem Grab.
Ach, wie wollte ich so gerne
Still an deiner Seite geh'n;
Und in deine Augensterne,
In dies Meer von Liebe seh'n;
Deinen Liebesworten lauschen,
Deiner engelsgleichen Huld,
Und in Blick und Küsse tauschen
Ab dir bitten meine Schuld.
Meine Schuld!

      Nicht Kindersünden;
Böser Stunden, bösen Spuk! —
Alles, Alles wollt' ich künden
Abzuschütteln jenen Druck,
Den das mangelnde Vertrauen
Schweigend tragen, dulden heißt,
Der mich — o unsagbar Grauen —
Bis zur Selbstverachtung reißt.
Bin ich Mann, so will ich fühlen,

Was die Manneszeit verschönt,
Was nach herrlichen Gefühlen
Zarten Pfands, die Liebe krönt.
Will in Weibesarmen träumen,
Was ein Gott uns einst verhieß,
Eh' er aus den Himmelsräumen,
In das Erdenthal uns stieß.
Kann ich Liebe nicht gewinnen,
Und kein Herz sich geben mir, —
Heiß doch fluthet durch mein Sinnen
Der Genuß und die Begier!
Ja, Begier nach rothen Lippen,
Und Genuß an schönem Leib:
Dieses Lebens höchste Klippen
Tragen einen Namen: Weib!
Mag auch Herz um Herz zerbrechen,
Wie der Welle Schaum verfliegt,
Des Empfindens feige Schwächen
Sind durch einen Kuß besiegt!

# Fabriksgebäude-Kanzlei.

**Mephisto** (als Buchhalter):

Dies zu behaupten, wär' Vermessen,
Daß mein Gesäß ich breit gesessen.
Hab' keine Ruh' und was ich treibe,
Zehrt gleichen Theils an meinem Leibe.
Des Bauches Füllhorn ist geleert,
Ein Schenkel wird umsonst begehrt,
Und die kulturhistor'schen Waden,
Sind dünner, als ein Grillenfaden.
Trepp auf Trepp ab, und wer mich kennt
Weiß, Springen ist mein Element.
Drum unbewußt nennt Alt und Jung
Mein zierlich Hüpfen: Teufelssprung!


Daß Faust solch groben Schnitzer macht,
Von eignen Willens Herrschermacht
Begibt er sich in Sklaverei
Zu forschen, wie solch Leben sei.
Mein Protestiren war vergebens:
„Es ist ein Räthsel meines Lebens,
Laß sehn, ob ich nicht Lösung finde." —
Das ist der Wahrheitsdrang, der blinde,
Mög' es der Thor an sich erfahren;
So kann mein gutes Wort ich sparen.
Hier als Direktor angestellt,
Dünkt er sich König einer Welt.

Hat sich die Beine wundzulaufen,
Kaum Zeit zum Essen, Schlafen, Schnaufen,
Und Ärger mehr denn, als dies Drei.
In seinen Wünschen stets gehemmt,
Weil „Können" sich dagegen stemmt.
Das „Lassen", ist ihm vorgeschrieben,
Allein das „Müssen", ist geblieben.
Mich nahm als Buchhalter er mit
Bei dem verzweifelt dummen Schritt;
Muß mit den Leutchen zärtlich schielen,
Darf nicht einmal den Teufel spielen.
Wär' doch das ganze Lumpenpack
Längst reif für meinen Höllensack.
Da klopfts!

   Man darf's nur kurz beschwören;
Herein damit, ich will es hören.

**I. Arbeiterin:**

Ich und daneben die Ursula,
Sind eine anzuklagen da.
Sie nennt sich Katharina Piech.

**Mephisto:**

Wieso? Was hat sie denn verbrochen?

**II. Arbeiterin:**

Wir haben Feindschaft ihr versprochen,
Und sind ihr lange schon am Strich.
Sie stiehlt ganz auf infame Weise.

**Mephisto:**

Mein Kind, das sagt man nur recht leise,
Bevor man nicht Beweise . . .

**I. Arbeiterin:**

       Nein,
Wir wollen's in die Lüfte schrein;

Gott straf' mich, wenn aus solcher Sache
Ich das geringste Hehlen mache.

**II. Arbeiterin:**

Sei's wie es will, sie ist ein Dieb,
Kann keine Stund' mehr mit ihr leben,
Weil ich dann selbst nicht ehrlich blieb,
Getheilte Schuld an mir würd' kleben.

**Mephisto:**

Der Herr Direktor kommt.

             So tragt
Ihm eure Sache selber vor.
Und ihn um seine Ansicht fragt,
Er leiht gewiß euch gern sein Ohr.

(Fauſt als Director kommt raſch, ermüdet ausſehend):

**Fauſt** (zu Mephiſto):

Was wollen diese Mädchen hier?

**Mephiſto:**

Den Salomon'ſchen Spruch von dir.
Zwei ſind es, ja vielleicht noch mehr,
Die fallen über Eine her,
Weil ſie aus commerciellen Gründen
Fabriksgut ließ von hier verschwinden.

**Fauſt:**

O, undankbar Geſchöpf!

             All' meine Güte,
Trieb mir nur eine Zuchthausblüte?

(zu den Arbeiterinnen):

Iſt das der Dank, den ihr gewährt,
Womit ihr mich erfreut und ehrt?
Ich plag' von frühe mich bis spät,
Wie ich euer Leben beſſern thät;

Hab' euch als meinesgleichen betrachtet,
Und euch geliebt, geschützt, geachtet,
Und muß es schon sobald erleben,
Daß man mit Schand und Raub mir lohnt,
Weil in der Brust ein Herz mir wohnt:
Geht nur, o geht!

(Arbeiterinnen ab):

        Ach, mich umschweben,

(zu Mephisto):

Unselige Gedanken, Freund!
Umsonst hab' ich mein Heil gesucht,
Weil trüb auch hier die Sonne scheint,
Die mir so klar entgegenstieg;
Ihr Fünkchen Wahrheit sei verflucht!

**Mephisto:**

Nun rufst du wieder Kampf und Krieg!
Ja Fauste, so gefällst du mir.
Hurrah, wir gehen fort von hier;
Laß alles, alles hier im Stich
Und folge mir, ich führe dich.

**Faust:**

Nein, erst muß der Gerechtigkeit
Dies Raubgezücht ich überliefern.

**Mephisto:**

Ich hol' es mir noch seiner Zeit,
Was plagt ihr euch mit solchen Schiefern?

(Faust wie gebrochen im Sessel, den Kopf gebeugt):

**Mephisto** (zu sich):

Der Nadelstich enthält ein Gift,
Das ihn in tiefster Seele trifft.
Ein Balkenschlag, ein Schwertesstreich,
Dünkt ihm dagegen lind und weich.

**Mephisto** (laut):

Mein guter Herr, wollt nicht verzagen!

**Faust:**

Was soll der höfisch=süße Ton?
Dies tröstend, unterwürf'ge Sagen
Bezeichnet recht den Höllensohn.

**Mephisto:**

Verzeiht, man hat mich Art gelehrt,
Als bei Gericht ich zugehört. —
Ein schuldig Individuum,
Gesenkten Haupts, verbissen, stumm,
Saß auf der Bank.
     Und rings umher
Die Zeugen, Kläger und Gouverneur.
Als das Wort schuldig es vernommen,
Ist Leben in das Thier gekommen.
Und als der Präsident es frug
Ob ihm die Strafe leicht genug,
Da schrie es: Euer verfluchtes Gesetz,
Ist lauter altes Weibergeschwätz;
Wie kann die neueste der Geschichten
Ein Mensch vor tausend Jahren richten?
Hat der mein Herz und euch gekannt,
Die Sitten und Gebräuch' im Land,
Die Zufall und die Umstandsarten,
Die unser täglich, stündlich warten:
Kann der mit längst verdauten Sachen
Den Endproceß des Anfangs machen?
Womit ihr eure Weisheit zügelt,
Das ist nicht klug, ist nur erklügelt;
Ihr schwitzt ob alternder Scharteken,
Studirt die gelb und braunen Flecken,

Die das Papier seit Jahren trägt,
Und nennts: lebendig Recht gepflegt!
Euch muß fürwahr der Teufel jucken;
Damit ihr euch im Spiegel seht,
Läßt das Verhör ihr haarklein drucken,
Daß ja kein Wort verloren geht
Von eurem rechtsgelehrten Geist,
Der jedem Lump die Wege weist,
Wie er, Gott, mag es euch gesegnen,
Am besten kann den vielen Fragen
Und ihrem Kreuz und Quer begegnen.
Wenn ich nicht ein Verbrecher wär',
Bei meinem Rest von Nam' und Ehr',
Ich würd' euch noch manch andres sagen.
Zwar, was ihr sprecht, ist eitel Wahrheit,
Allein der Abgrund aller Klarheit;
So gönnt ihr der Gerechtigkeit
Zu weiten Raum, zu viele Zeit,
Und allem eurem Wortgefüge,
Entzieht sich schlangengleich die Lüge!
Ich aber will mich schuldig wissen,
Ich hab' gefehlt, so will ich büssen. —


Der Richter hört in aller Ruh',
Der seltsamen Vertheid'gung zu.
Nach einem kurz erstaunten Schweigen,
Sprach er mit artigem Verneigen:
Wir bitten sie zu unserm Spruche,
Den wir gefällt, laut unserm Buche,
Das sie verurtheilt, was geschah,
Sprecht ein vernehmlich, freies: Ja,
Ob ihr mit jenem einverstanden!

**Fauſt:**

    So übt man Recht in deutſchen Landen!

**Mephiſto:**

    Seht ihr, mein Freund, zum Schluſſe ein,
    Man kann nie artig genug ſein?
    Nun will ich dich nicht länger quälen,
    Du biſt der Herr, du kannſt befehlen.

**Fauſt:**

    Fort, fort in weite, grüne Haide!
    Was ich empfinde, was ich leide,
    Soll'n dieſe Wände hier nicht ſehn.

**Mephiſto:**

(Fauſt in ſeinen Mantel einſchlagend und mit dem linken Fuße auf
den Boden ſtampfend):

    Wir ziehn, auf Nimmerwiederſehn!

# Auf freiem Felde.

Fauſt:

Ins freie Feld treibt der Gedanken Laſt
Entgegen mich des Windes Kuß;
Und kaum vermag mit meines Herzens Haſt
Den Schritt zu halten der beſchwingte Fuß.

Rings um mich her
Ein wogendes Meer
Von Gräſern und Sträuchen.
Ewiges Schwanken,
Wiegen und Ranken,
Zittern und Beugen.
Mög' es gelingen
Mir zu erringen
Hier Ruhe und Glück!
Endloſe Ferne —
Oben die Sterne,
Sie winken zurück.
Wer zu euch käme!
Was dort vernähme
Die ſtaunende Seele!
Wenn dort Erfaſſen
Sich mit dem Laſſen
In Wahrheit vermähle,
Lange Verlornes,
Zärtlich Erkornes
In Gegenwart blühte;
Ebenſo Künftiges,
Lebendig Vernünftiges
Den Buſen durchglühte!

Ob meinem Haupt, was will der einzle Rabe,
Wer hat dich, Trauervogel, mir gesandt?
Erinnerung ist deine Sendlingsgabe,
Erinn'rung dessen, was dem Blick entschwand.
Des Vaters Bild, wie er in ernster Weise
Uns früh für diese Welt des Scheins erzog.
Die Eintracht herrschte im Familienkreise,
Bis ihn ein Freund um all sein Glück betrog.
Gar bald darauf kam seine letzte Stunde.
Ich sah sie nicht, die Seele war entflohn,
Da aus der Ferne mich die Trauerkunde
An's Sterbebett beschied, als seinen Sohn. —

Er war tot; die bleichen Lippen
Kalt, verstummt für immerdar;
Doch es quälte mich zu denken,
Was er mir im Leben war.

Vater! Ja, sein Blut war mein,
Und auch mein, der Fluch zu leben,
Seine erste, schwerste Gabe,
Die als Vater er gegeben.

Seine Liebe, ich empfing sie
Nur als einen sechsten Theil;
Seine Obhut, seine Sorge,
Wohl in gleichem, für mein Heil.
Als ein Jüngling ich geworden,
Wählte er mir den Beruf. ---
Ja, er war's, der all die Zweifel,
Die mein Ich zerreissen, schuf.
Fremder, ach! und immer fremder
Traf sein Auge seinen Sohn;
Und schon lange, lange fehlte
Zwischen uns der Herzenston,

Der nicht wählend und gewählt erst
Aus des Herzens Tiefe bricht,
Der das rechte Wort des Dankes,
Der Verehrung, Liebe spricht. —
Wagt' ich es, wenn übermächtig
Es mein Innerstes bewegt,
Ihm zu sagen, was ich fühle,
Was mich quält, was mich erregt;
Was mein Sorgen, was mein Hoffen
All in sich zusammenschloß
Und in unheilvollem Drange
In mein Denken sich ergoß;
Was mich freute, was mir Glück schien,
Was ich strebte und erstrebt,
Welchen allernächsten Wünschen
Sich mein Herz entgegenhebt —
Dann ach! haben seine Worte,
Die er grollend mir gewährt,
Meine Zuversicht vernichtet
Und des Zweifels Pein genährt.
Aus der Hoffnung stillen Reichen
Trieb mein Kahn dem Meere zu,
Wo nicht Silberwellen plaudern
Von der Tiefe heil'ger Ruh
Und nicht weich, wie Frauenarme,
Meiner Wangen Gluthen kühlen,
Oder meine Lippen netzen,
Leis mit meinen Locken spielen;
Von der Sonne Strahl getroffen
Ringsumher ein Funkenblitz,
Und des Nachts, getreuer Spiegel
Von dem gold'nen Sternensitz —

Weit von solchem sel'gen Schauen —
Nenn' ich's Wahrheit Widerschein? —
Trieb ich auf dem Meer der Zweifel
Gottverlassen und allein.
Nicht ein Lächeln, nicht ein Wink auch,
Dieser argen Buhle „Glück"!
Nur die Felsenwände gaben
Den Verzweiflungsschrei zurück. —

(Pause).

Wie du, o Schwalbe, möcht' ich fliegen
Im tiefen, satten Ätherblau,
Bei träumendem Gedankenwiegen
In göttlich freier, seel'ger Schau.
Entrückt den engen Erdenqualen
Und ganz dem Glück gegeben hin:
— Umglüht von Gottes Gnadenstrahlen —
Daß ich der Schöpfung Krone bin!

(Mephistopheles tritt auf).

Mephisto:

Wenn dich der alte Herr jetzt hörte,
Er hätte seine Lust an dir.
Was er dem Ebenbild verwehrte,
Gab er in Gnaden hin dem Thier.
Sieh, wie der Vogel zwitschernd zieht —
Nur mehr ein Punkt, ein kleines Nichts,
Um wie viel näher dem da droben,
Und näher auch dem Schein des Lichts.
Und du, der du mit Eifer strebest
Nach jenem Urquell vorzudringen,
Stets fest an dieser Scholle klebest,
Kannst nur in Zweifeln müd' dich singen!

So freilich sieht der Schöpfung Krone
In wissenstrocknem Hirn nicht aus;
Das nimmt die allerbunt'sten Farben
Und kleckst sich ein Gemisch heraus,
In dem der Grundton rot, die Liebe,
Wie Amen im Gebete prangt.
Ich kann die Einfalt glücklich preisen,
Die zu solch letztem Ziel gelangt,
Denn mit dem überreichen Wissen,
Freund, geht die Narrheit Hand in Hand.
Und Dummheit ist ein Ruhekissen
Für träge schleichenden Verstand.
Nur ganz allein des Lebens Wage
Hält gleichgewichtig jener Geist:
Der stets die gegenwärt'gen Tage
Genießt und zugleich tadelnd preist! —
Laß dich mein Wort nur nicht verdrießen;
Trägst du noch Neid der Schwalbe Glück?
Du dauerst mich, laß sie sich senken,
Sie kehrt nie mehr nach ob'n zurück.
Ich winke und ein Sperber schießt
Auf das verlorne Ding herab!
Halt's wie du's willst, es ist die Welt
Ein einzig, stets geöffnet Grab!

Faust:

Ach, sterben können, vollbewußt,
Daß keine Ewigkeit es gibt!
Daß nach dem Tode nicht die Seele
An neuen Lebensquellen nippt,
Die gleiche, sie in andrer Hülle
Den neuen Lebenslauf beginnt,
Des Elends schnarrend', ems'ge Spindel

Nur neue Leidensfäden spinnt.
Wär's so, dann ist der Tod nicht Labe,
Nicht Freund dem menschlichen Geschlecht,
Wär' deiner finstren Hölle, Teufel,
Fluch und verzweiflungsreichster Knecht.
Ich kann's, ich kann's nicht so mir denken
Es kommt kein Ende meiner Pein! —
Zu sterben nur, um fort zu leben,
Darf nicht des Räthsels Lösung sein.

**Mephisto:**

Wo ist nun dein Titanenmut,
Den einst du keck hinauf gerirt?
Wenn jetzt dein Schöpfer zugehört,
Du hätt'st unsterblich dich blamirt.
Es ist nur gut, daß große Herren
Nicht jeder Fliege hold Gebrumm
Zu ihrem Ohr gelangen lassen! —
Mein Faust, du bist erbärmlich dumm!
Du hast dir wieder mal im Sumpfe
Recht garst'ge Kröten aufgerührt. —
Komm' mit, ich hab' im Landhauskeller,
Was Feines für dich ausgespürt.
Mit langem Haar, verliebten Augen,
Zum Schwanenhals die vollste Brust . . .

**Faust:**

Du Heuchler, hältst mich wohl geneigt
Zum Spiele mit gemeiner Lust?

**Mephisto:**

Sei's nur, daß du auf andre, bess're
Gedanken, Freund, dich ließest ein.
Komm' mit und wir genießen plaudernd
Den Sorgenbrecher, goldnen Wein.

Wenn dir nur erst das Naß der Trauben
Behaglich durch die Kehle rinnt,
Es dir in Puls und Herzen mälig
Weinselig warm zu werd'n beginnt:
Dann trägst du dein gelehrtes Köpfchen
Nicht wie vom Blitz gestreifter Stamm
Den Wipfel sein, und wie zur Schlachtbank
Ein arm, unwissend Opferlamm.
Mußt du denn ewig Nüsse knacken,
Weil Zähne dir ein Gott verlieh?
Beleucht' des Daseins Schattenseiten
In humorist'scher Poesie.
Glaub' mir, die Welt ist eine Lüge,
Das Schlechte sich vom Guten nährt,
Wenn ich auch nicht dies Mäskchen trüge,
Sie hätte Teufel selbst gebärt. —

**Faust:**

Hörst du der Amsel flötend Lied?

**Mephisto:**

Nach ihrem Buhlen sehnt sie sich.

**Faust:**

Schon zieht sich Dämmerung zurück,
Des Tages letzter Schein verblich.

**Mephisto:**

Es deckt die Nacht verschwieg'ne Freuden.

**Faust:**

Es fröstelt mich!

**Mephisto:**

So besser, Freund.
Laß uns dies stille Feld nun meiden,
Deshalb, weil's uns zu einsam scheint.
Ich leite dich in muntre Kreise;

Laß uns des Weges Kürze messen,
Vertrau' dich mir in alter Weise,
Ich führe dich in's Reich: Vergessen!
(sie verschwinden).

# Im Landhauskeller.

---

(An Tischen vertheilt die Gäste; doch geht von Tisch zu Tisch die Rede):

**Landwirth:**

> Ja heuer ist ein gutes Jahr.
> Was erst nicht ganz vertrocknet war,
> Das haben holdest unterdessen
> Maikäfer an- und auf-gefressen.
> Nun hält der Jahreszeiten Lauf
> Ein miserables Wetter auf.
> Mit Schnee und Eis beglückter Regen
> Ist güt'gen Gottes Frühlingssegen.
> Die Welt, die im Princip so schön,
> Will scheinbar sich nach rückwärts drehn.

**Naturalist:**

> Laßt mich mit „Welt" und „schön" in Ruh,
> Sonst schlage mit der Faust ich zu.
> Die Welt, ich sag' es grad heraus,
> Ist ein lebendig Madenhaus,
> Ein' Zuchtstatt für die Schweinerei,
> Kurz, was zum Elend nöthig sei.

**Idealist:**

> Man sieht, Herr von Naturalist,
> Er ward geboren in dem Mist,

Denn, nur was stammt vom Kehrichthauf,
Trägt in so schmutz'gen Farben auf.

**Naturalist:**

Ja freilich, in den Höhen schweifen,
Die man nur ahnt und nie begreifen,
Nie auf die Erde bringen kann, —
Das nenn' ich Tollhaus reifen Mann:
Denn sehn und hören und verstehn,
Und doch das x für u ansehn, —
Das grenzt an Paradieseszeiten,
Heißt der Vernunft sich selbst entkleiden.

**Realist:**

Laßt euren end=zweck-losen Zwist:
Die Mitte, ist das Ding an sich.
Drum klammert beide euch an mich,
Und seid, was ich: ein Realist.

**Student** (singt):

Zähle nicht die lichten Tage
Deiner Liebe, deines Glücks,
Jedes Zählen brächte Klage
Über Flucht des Augenblicks.

**Buchhalter:**

Junger Herr!
Auf falschen Wegen
Geht der Zukunft ihr entgegen.
Zahlen fester sind als Eisen,
Sie vernichten, sie beweisen.
Zahlen sind euch zum Exempel,
Gottheits Unterschrift und Stempel.
Eh' ihr aus Mutterleib euch schält,
Sind eure Erdenjahr' gezählt.

**Idealist:**

Zahlen sind des Teufels Puppen,
Sind des Wuchrers Augenschuppen.
Erst durch zählenden Entgelt
Kam die Schuld in diese Welt.

**Student** (zu obigem):

Nennet immerhin mich schmälich,
In der Liebe zähl' ich nicht,
Doch die Monatstage zähl' ich,
Wenn's an Casse mir gebricht.

**Hausirer** (seine Waaren anpreisend, von Tisch zu Tisch gehend):

Die Ehre, werthe Herrn und Gäste!
Braucht keiner Pfeife, Sacktuch, Weste?

(zu einem alten Herrn):

Ein Fingerhut, Pantoffeln fein, —

(zum Studenten):

Ein Scheerchen oder Messerlein: —

(zu einem Gecken):

Hier Busennadeln und damit
Cravatten nach dem neu'sten Schnitt,
Wie sie die Mode liebt und bringt.

**Kaufmann:**

Das ist schon mehr als Trödlerwaare,
Wenn der Spatz sie als neu besingt.

(zum Hausirer):

Daß er doch gleich zur Hölle fahre.

**Hausirer** (zum Kaufmann):

Ihr seid vom Fach, 's ist Brodneid nur,
Uns Armen wünscht ihr Fastencur,
Damit in eure Taschen käme,
Wovon bescheidnes Theil ich nehme.
Bescheidenheit, sie ziert den Mann,
Wenn er's nicht höher bringen kann.
Der Staat gewährt uns seinen Schutz.

**Kaufmann:**

> So ist der Staat, wie ihr, nichts nutz!

**Staatsbeamter:**

> Nennt euren Namen mir, mein Herr!
> Ich muß euch höhren Orts verklagen,
> Ihr lästert Majestät und Staat.

**Kaufmann:**

> Ihr wollt als Seitenstücke gelten
> Zu den modernen Säbelhelden;
> Ihr dünkt euch Wunder, was ihr seid,
> Stolzirt ihr um in buntem Kleid.
> Just eben ist man ja dabei
> 'Ne neue Schale euch zu wählen,
> Doch das getreue Conterfei
> Von euren superklugen Seelen
> Dünkt einem Pfaue mir vergleichbar,
> Dem alle Federn ausgerupft,
> Den jedes Huhn als armen Narr'n
> Mit Flügelschlag bei Seite schupft.

**Staatsbeamter:**

> Ihr könnt nur mit der Zunge fechten!

**Kaufmann:**

> Versucht ein Küßchen meiner Rechten!

**Stammgast** (die beiden trennend):

> Den Frieden hier beim Glase Wein!
> Wer streiten will, muß nüchtern sein.

**Mediciner:**

> So wie man hört, ist wieder da
> Aus Asien die Cholera.

**Philosoph:**

> Da könnt ihr an den Leichen schnitzeln,
> Die Toten nach dem Leben kitzeln.
> Was immer ihr für Würmer spießt,
> Vom Ursprung ihr noch gar nichts wißt.

**Mediciner:**

> Baut nur ein neues Kartenhaus
> Und schreibt Gedankenwahnsinn drauf.
> Zieht unten eine Karte raus,
> Laßt dann die Müh euch nicht verdrießen,
> Nimmt die Vernichtung ihren Lauf,
> Wie Träume ohne Schlaf zerfließen.

**Philosoph:**

> Es ist die Arbeit meines Lebens,
> Mir ein System aus mir zu schaffen.

**Mediciner:**

> Ihr grübelt, martert euch vergebens,
> Das Dasein fordert andre Waffen.

**Glaßkopf:**

> Ich wähle mir aus dem Gedankenschatze,
> Stets, was am meisten mir behagt.

**Naturalist:**

> Das fällt euch leicht, weil eure Glatze
> Nicht ein Gedankenhärchen plagt.

**Naturforscher:**

> Ich bin schon ziemlich tief gedrungen,
> Hab' oft Natur im Kampf bezwungen,
> Doch, wie sie jetzt sich gibt, entfaltet,
> Ist alles ganz verkehrt gestaltet.
> Ich werde irr' an ihr. . . . .

**Sophist:**

>      Das kommt,
> Weil die Natur, wie jeder Christ,
> Zur Hälfte schon des Teufels ist.

**Pfaffe:**

> Drum flüchte dich, mein lieber Sohn,
> Zu uns'rer Kirche heil'gen Religion,
> Ihr Beistand ganz allein dir frommt.

Ich will von solchen faulen Bissen,
Wie Pfaff und Kirche, gar nichts wissen,
Die Kirche ist ein Riesenleib,
Bald ist's ein Mann, bald ist's ein Weib,
Wie sich's in die Gebahrung fügt,
Mit der sie Gläubige betrügt.
Und Pfaffen, dieser Kirche Glieder,
Sind wie die Häftlein an dem Mieder.
Die Brust, wenn einmal eingeschnürt,
Sich nur nach ihrem Willen rührt,
Sie geben nie mehr ganz sie frei.
Legt Abends man das Schnürzeug ab,
Entsteigt sie ihrem eig'nen Grab,
Nur um des Morgens schon aufs neu
In das verhaßte Joch zu müssen!
Das nennt ihr Dasein wol versüßen,
Wenn stets die Seele, Schmerz gepeinigt,
Sich nie mit ihrem Gott vereinigt,
Weil ihr mit Schlangenlist drauf achtet,
Daß Glaube ihren Geist umnachtet?
Was ihr mit Religion benennt,
Ist von der wahren stets getrennt.


Wollt uns mit Jenseits carressiren,
Damit das Diesseits wir verlieren,
Ein beßres Jenseits gibt es nicht.
Die Seel' ist wie ein Kerzenlicht:
Treibt man sie athmend aus dem Haus,
Ein Häuschen Asche und 's ist aus.

**Freigeist** (zu diesem):

> So halt' ich's auch; hier meine Hand.
> Pfaff ist dem Teufel nach verwandt,
> Nur mit dem Unterschiede, daß
> Der Satan sagt, was er bezweckt,
> Hingegen solch geschornes Faß
> Sich hinter Kreuz und Kranz versteckt.

**Pfaffe:**

> Ich will mit euch aus Lieb' nicht streiten,
> Es ändern Menschen sich und Zeiten.
> Wenn erst das Alter ihr gefühlt,
> Ist euer Müthchen abgekühlt.
> Dann flüchtet ihr, die jetzt so groß,
> Euch reuig in der Kirche Schoß.

**Freigeist:**

> Eh'r will ich mich dem Teufel weih'n!
> Drauf leer' ich diesen Becher Wein.
>
> (trinkt):

(singt:)

> Scheltet Satan nicht den Bösen,
> Seine Hölle lob' ich mir.
> Statt der toten Kreuze, Fahnen,
> Schwingt er flammendes Panier.
>
> Flammen glühn im Traubensafte,
> Im Gedankenschwerte Blitz,
> Und verhaltner Gluthen Funken,
> Sprühen leise auf im Witz.
>
> Fürst der Hölle, heißen Lebens,
> Lieber flücht' ich in dein Reich,
> Als in Gottes heil'gen Himmel,
> Ewig fromm und ewig gleich.

Lieber will mit Höllenhunden
Hetzend und gehetzt ich sein,
Als in mönchisches Psalmiren,
Halleluhjah stimmen ein.

Pfäfflein komm', sieh, uns're Gläser
Sind gefüllt mit goldnem Wein!
Angestossen, in der Hölle,
Soll das Wiedersehen sein.

(Mephisto mit Faust.)

(Faust mit Mephistopheles eintretend, an einem der Tische Platz nehmend.)

**Faust:**

Ich habe Durst vom scharfen Ritte.

**Mephisto:**

Ein Fortschritt schon; wie fühlst du dich
In solch verschiedner Gäste Mitte?

**Faust:**

Mein Freund, nicht eben sonderlich! --
Versuchen wir's mit weißem Wein.

**Mephisto:**

He Wirth, schenkt Luttenberger ein.

(Der Wirth bringt das Verlangte: Mephisto sieht sich um: Faust folgt
seinen Blicken.)

**Faust:**

Suchst du, der unerschöpft in Thaten,
Hier einen tücht'gen Höllenbraten?
Ich sehe nichts, als durst'ge Gaumen,
Und Nasen roth und blau, wie Pflaumen.

**Mephisto:**

Wie zärtlich dort, im stillen Eck,
Der Tauber=Ehmann girrt,
Und, ein verliebter Schmetterling,
Um's Frauenlämpchen schwirrt.

Sein Auge sich, dies Schmachten,
Das Kosen seiner Hand,
Das schlaue, dralle Weibchen
Führt ihn am Gängelband.
Ich räuspre mich, sie blickt nach mir,
Sie weiß schon, was ich will.
Ich sage dir, bei Frauen ist
Die Lieb' ein Kinderspiel.
Wenn ich ins Ohr ihr flüstre:
„Ich lieb', ich liebe dich, —"
So drück' ich ihren Busen
Noch heut', noch heut' an mich.

**Faust:**

Wie kann's nach dieser dich gelüsten?

**Mephisto:**

Du sehnst dich nach der Wahrheit Brüsten,
Mich aber dünkt ein Frauenleib
Der allerbeste Zeitvertreib.

**Faust:**

Du störst ein heit'res Eheglück!

**Mephisto:**

Noch immer so ein Glaubensstück
In dir, mein Freund; sei doch gescheid,
Thut dir am End' der Ehmann leid?

**Faust:**

Sie sehen nicht gar vornehm aus,
Vielleicht aus armem Bürgerhaus.

**Mephisto:**

Sie haben sieben Kinder auch,
Das ist bei armen Leuten Brauch.
Und weil bei ihnen Mangel wohnt,
Solch Ungeziefer sie belohnt.

**Mephisto:**

So ist der Mensch, daß ich es schnell beschreibe.
Für kurzer Augenblicke Lustgefühl
Zieht er für's ganze Leben sich die Haut vom Leibe,
Legt sich mit schwersten Sorgen auf das Pfühl;
Zu was denn Kinder zeugen, wenn ihm nicht,
Die Mittel, sie zu nähren, auch gegeben.
Wenn ihn einmal zu arg der Hafer sticht,
Lustdirnen giebt's genug, die weg sich geben.
Zwar seinem Weib ist damit nicht gedient;
Mög' sie Genuß auf andre Weise suchen. —
Nicht immer trifft's, daß das Conto gewinnt,
Worauf wir unsre besten Schuldner buchen.

**Faust:**

Die Schuld und Schulden, das sind so die Punkte,
Um die sich unser Erdendasein dreht.

**Mephisto:**

Weil euch ein Gott in Leidenssuppen tunkte,
Meint ihr, daß sich's von selbst versteht,
Wenn ihr gehorsam suppt bis an das Ende?
Seht ihr kein Schiffchen denn und kein Gelände?
Sind euch die Beine wund, die Hände lahm,
Der stolze Wille wie ein Vöglein zahm?
Wenn's euch den Athem raubt, so schreit nach Hilfe;
Erstickt ihr lieber in dem Elendschilfe?
Und hört Er nichts, ist mürrisch angebunden,
So richtet euren Ruf getrost nach unten.
Weshalb die Zeit mit Gott verschwenden,
Könnt euch ja an den Teufel wenden;
Der zieht euch sicher an das Licht
Der Freude, übervortheilt nicht.
Das Bischen lust'ge Seel' als Lohn
Ist so mehr Imagination,

Gilt keinen Heller, wiegt kein Gran,
Sieht sich nicht appetitlich an;
Erst wenn der Hölle Tracht sie kleidet,
Sich satt an ihr mein Auge weidet.
Zwar den Geruchsinn labt sie sehr,
Ich weiß ja leider auch woher.
Sie stinkt nach Schwefel, Pech und —
Denn, nur was stinkt, hat einen Zweck.
Den Blüthenduft mit Rosenölen,
Den schenk' ich Gott ergebnen Seelen;
Solch süßer Kitzel, Näschendank,
Ist nur verdorbener Gestank.

Was hängst du denn den Kopf so nieder,
Packt dich die Traurigkeit schon wieder?

**Faust:**

Freund, unser Eintritt, dünkt mich fast,
Fällt allen andern schwer zur Last.
Die Rede stockt, es schwieg der Sang,
Beklemmung flattert durch den Raum,
Und an der Wölbung dunklem Saum,
Zieht wogend sich der Rauch entlang,
Wie Wetterwolken, die zum Schaden
Der armen Trinker sich entladen.

**Mephisto:**

So will ich's einmal blitzen lassen!

(beschwörend):

Heraus! Hervor!
Aus Thür und Thor,
Aus allen Ecken,
Zu meinen Zwecken,
Ihr dienstbar'n Geister
Gehorcht dem Meister!

Ihr Teufelsschnuppen,
Ihr Höllenpuppen,
Taucht in die Gläser
Trinkender Äser.
Bergt euch im Haar,
Als krabbelnde Schaar,
Und bei den Platten,
Vor's Auge als Schatten.
Wie ihr es wählet,
Hüllt oder schälet
Euch in Gestalten,
Bei Jungen und Alten.
Doch bei dem Spiele
Folgt nur dem Ziele,
Als meine Faune:
Alles ist Laune,
Alles ist Spassen,
Dürft sie nicht fassen
Mit höllischer Binde!
Weinlaubgewinde
Munternd sich schlinge,
Frohsinn es bringe
Jedem um's Haupt;
Das ist erlaubt.
Keck auch hervor
Wag' sich Humor,
Witzige Zungen,
Kräftige Lungen,
Wirbelnd im Tanze,
Bewußtlos im Tranke,
Teufel zu Danke —
Schließe das Ganze!

(zu Faust):

> Du mußt Gelegenheit beim Schopfe fassen,
> Wenn Bruder Rausch sie hat besiegt,
> In Bacchus=Träumen alles liegt,
> Dann nimm das Weibchen dir zu Kauf,
> Laß deinen Trieben freien Lauf. —
> Sieh, wie die bunte Menge lärmt,
> Seit sie mein lustig Chor umschwärmt.

**Naturforscher** (mit Geberde):

> Ich hab' ein Räthsel der Natur entdeckt!

**Freigeist:**

> Wie sich der Pfaff die Lippen leckt.
> Er stünde an des Glückes Schwelle,
> Wär' seine Köchin hier zur Stelle.

**Mephisto** (leise):

> Dem Manne kann geholfen werden,
> Entsteh' Gebild aus Luft und Erden!

**Pfaffe:**

> Kath'rin, du hier? Ja, Gott ist groß!
> Komm', setze dich auf meinen Schoß.

**Student:**

> Bekommt nur der die Liebesgaben?
> Ich möchte auch mein Liebchen haben!

**Mephisto** (leise):

> Gesunkner Geist, erheb' dich wieder,
> Und trage weiblich=zarte Glieder!

**Student:**

> Ich will von deinen roten Lippen,
>> (sein Lieb im Arm):
> Süß Liebchen, tausend Küsse nippen!

**Landwirth:**

> Wär' ich nur doppelt nicht vermählt,
> Dem Weib daheim und der Natur,
> Längst hätt' ich mir ein' Schatz gewählt,
> Was Feinem bin ich auf der Spur.

**Mephisto** (leise):

Es soll das Kind, das er gesehn,
Sogleich leibhaftig vor ihm stehn! —
Er mag sich statt an Pflug und Spaten
Ergötzen, traun, an ihren —

**Mediciner:**

Es will mich ein Gefühl beschleichen,
Als säh' ich wunderschöne Leichen.
Und eine hat die Augen offen,
Mich, hat ihr Liebesblick getroffen
Ich nehme sie in meinen Arm,
O Tod, wie bist du doch so warm!

**Buchhalter:**

Hab' schon die zweite Frau begraben
Und war so glücklich als Gemahl!

**Mephisto** (leise):

Nun sollst du eine Hexe haben,
Das drei ist erst die rechte Zahl.

**Idealist:**

Ich freue mich am Spiel der Jugend,
Geschieht's sein zierlich und mit Tugend.

**Naturalist:**

Wenn alle Tugendhelden wären,
Dann wäre leicht die Zahl ermitteln,
Der Weiber, die verschwieg'n gebären.

**Staatsbeamter:**

Ja, ich entsage allen Titeln,
Der Staat ist gar zu quälerisch;
Ich bin nicht gerne wählerisch
Beim Wein und weiblichen Geschlecht!

**Mephisto** (leise):

So hab' er so ein Haargeflecht!

**Glatzkopf:**

    Wenn ich auch nicht mehr hübsch zu nennen,
    Kann ich in Liebe doch entbrennen.
    Noch immer stell' ich meinen Mann,
    Und zeige, daß ich küssen kann.

**Mephisto** (leise):

    Damit sie sich die Wage halten,
    Sich nicht an Schönheit überbieten,
    Sei eine ihm der ziemlich alten,
    Zahnlosen Hexlein zu beschieden.

**Philosoph:**

    Ich sehe nicht recht deutlich mehr,
    Wo kommen denn die Schürzen her?

**Sophist:**

    Die Pärchen, laß sie glücklich sein,
    Es ist doch alles Trug und Schein.

**Mephisto** (leise):

    Der Tropf, der sich für klüger hält,
    Um ihn ist's schlechter noch bestellt.
    Was er für Traubensaft genießt
    Gefärbtes — — — — ist!

(zu Faust):

    Der Ehmann schläft, indes er schnarrt,
    Denkt sie: die Herren sind doch hart.
    Sie lassen mich alleine sitzen,
    Anstatt die schöne Zeit zu nützen.

**Faust:**

    Ich kann den Blick von ihr nicht wenden!

**Mephisto:**

    So nimm sie kühn um ihre Lenden.
    Es soll sogleich Musik ertönen,
    Und jeder tanzt mit seiner Schönen!

(Eine unsichtbare Capelle spielt Tanzweisen; die Paare drehen sich
im Kreise; Musik und Tanz werden immer rascher und feuriger).

**Fauſt** (mit der Gattin tanzend, die er Gretchen nennt):

O laß' mich deine Lippen küſſen!

**Gretchen:**

Habt ihr ſo lange durſten müſſen?
Ihr leert das Glas auf einen Zug,
Habt ihr noch immer nicht genug?

**Fauſt:**

Du kleiner Schelm!
Wenn reizend finde
Ich deiner Lippen Roſenroth?

**Gretchen:**

Ihr ſeid Cupido mit der Binde,
Auch ſündigt ihr geg'n ein Gebot.

**Fauſt:**

Damit mach' ich mir nichts zu ſchaffen,
Das gilt für Thoren nur und Pfaffen.

**Gretchen:**

Allein das eigne Rechtsgefühl!

**Fauſt:**

Biſt du ſo ſittſam nun und kühl?
Zuerſt entflammteſt mein Begehren,
Um ſpottend nichts mir zu gewähren:
So muß ich rauben, was mich reizt,
Womit dein ſtrenges Mündchen geizt.

(er küßt ſie):

**Gretchen:**

Laß' das Tanzen uns beſchließen,
Glück in ſtiller Ruh genießen.

(ſie treten aus dem Reigen und ziehen ſich in eine Saalecke zurück).

**Fauſt:**

Trinken will ich, Küſſe trinken,
Blondes Lieb von deinen Lippen,
Heißer Küſſe wilde Zahl!
Einmal nur, um auszugleichen

Der Gefühle wechselnd Ringen
Und die lebenslange Qual.
Ist der Kuß doch die Vollendung,
Ist der letzte Ring der Kette,
Wie Unendlichkeit des Glücks.
In den Flammen glüht die Liebe,
In der Sonne goldnen Strahlen,
In dem Zauberlicht der Sterne!
Aus der Quelle flüstert Sehnsucht,
Aus der Bäume leisem Rauschen
Und der Nachtigallen Schlag!
Ach, die Sehnsucht nach der Liebe
Führt zusammen Fluth und Flammen,
Eint den Schatten mit dem Lichte,
Trägt das Lied bis zu den Sternen!
Hör' mich Lieb!
                    Nicht blos der Worte
Raschem Fluge gib dich hin.
Nimm aus ihrem Hauch die Seele,
Nur die Seele ist das Leben
Und das Leben ist das Leid.
Leid der Liebe! Leid der Sehnsucht!
Aus dem unscheinbaren Kelche
Dieser Doppelblume winket
Dir des Glück's verlorne Goldspur,
Wie von Lippen rot ein Kuß!

(er küßt sie).

**Gretchen:**

Ja, erst dir hab' ich zu danken
Des Empfindens süße Lust.
Und der Erde dumpfe Schranken
Bricht die göttlich freie Brust.

**Faust:**

Hält dich auch dein Wort gebunden,
Lieb' die ärmste Hütte schmückt:
Laß' in selgen Schäferstunden
All vergessen, was uns drückt.

**Mephisto** (vorbeigehend):

Um dieses Pärchen brauche ich
Mich weiter nicht zu sorgen.
Und ist er klug, wird sicher sie
Was sie besitzt, ihm borgen.

(Die Musik schweigt, die Tanzenden lassen sich auf ihren alten
Plätzen nieder):

**Mephisto:**

Habt euch wacker strapeziert
Müd und matt gesprungen,
Daß ihr nicht die Zeit verliert,
Freunde, eins gesungen.
Hört von mir ein Trinkerlied,
Brummt und singt den Endreim mit;
Wenn der Teufel ihn euch lehrt,
Ist es schon der Mühe werth!

(singt):

Hier den Humpen, schenkt ihn voll,
Heute will ich's zeigen
Wie ein Trinker trinken soll —
Spielmann, rühr' die Geigen!

**Chorus:**

Spielmann, rühr' die Geigen!

**Mephisto** (singt):

Spielmann sitzt dort auf dem Faß,
Hängt die Beine nieder,
Daß der Geist vom süßen Naß
Weht durch seine Lieder!

**Chorus:**

Weht durch seine Lieder!

**Mephisto** (singt):

Bis zum Rand! Ich sauf ihn aus
In drei langen Zügen;
Das mag mir zum Frühstückschmaus
Vorderhand genügen!

**Chorus:**

Vorderhand genügen!

**Mephisto:**

Sehe deutlich noch um mich
Wackere Kumpane;
Weiß auch ohne Bibelsprüch':
Noah war mein Ahne.

**Chorus:**

Noah war mein Ahne!

**Student:**

Ja, beim Singen sauft sich's gut.

**Freigeist:**

Freilich, Glut mischt sich mit Glut.

**Pfaffe** (nachbrummend):

Noah war mein Ahne.

**Realist:**

Was das dicke Weinfaß summt,
Wie die Bremse, wenn sie brummt.

**Freigeist:**

Nimmt die Sache man genauer,
Riecht das Pfäfflein ziemlich sauer.

**Mephisto** (leise):

Aber mich will's schier bedünken,
Daß sie alle beide stinken.

(singt):

Angestoßen, hei, das klingt
Frisch wie Mädchenstimmen.

Kork, der niemals untersinkt,
Laßt im Wein uns schwimmen!

**Chorus:**

Laßt im Wein uns schwimmen!

**Naturforscher:**

Seht euch einmal den Landwirth an,
Der hat ein Hälschen, wie ein Schwan:
Und wenn er einen Zug beginnt,
Sieht man wie jedes Tröpschen rinnt.

**Naturalist:**

Das Gegentheil bei ihm sich zeigt,
Sein Schlund nach außen sich verzweigt.
Die Ansätz' links und rechts, die weichen,
Der Knollenfrucht aufs Härchen gleichen.

**Mephisto** (singt):

Laßt die Kirche und das Reich,
Brüder, mir in Frieden.
Hier beim Wein, ist allen gleich
Diese Welt beschieden!

**Chorus:**

Diese Welt beschieden!

**Mephisto** (singt):

He, Herr Wirth, den Brudergruß:
„Lobet alles Klare.“
Fort der Menge rohen Fluß,
Geist, will fein're Waare.

**Philosoph:**

Nur der Geist kann Wahrheit künden,
Geist nur ein System begründen,
Geister flüssiger Natur
Zeigen deutlich uns die Spur.
Kann mit Geistern nur verkehren — —

**Landwirth:**

> Bitte euch, hört auf zu plären,
> Meine Ohren sind schon voll.

**Kaufmann:**

> Da wird einer taub und toll!

**Buchhalter:**

> Zahlen flimmern durch die Lüfte,
> Zahlen athm' ich ein, wie Düfte;
> Zahlen, Zahlen, Buch und Blatt,
> Heute rechne ich mich satt.
>
> (seines Nachbars Kopf fassend).
>
> Folio 5, trügt mich der Schein —

**Naturalist:**

> Halt' dein Maul, besoffnes Schwein!

**Mephisto** (singt):

> Fort auch mit dem Tageslicht,
> Herrsche Dämmerhelle.
> Wer in's Haar sich Weinlaub flicht,
> Steht vor Glückes Schwelle
> Turitari!

**Chorus:**

> Steht vor Glückes Schwelle.

**Mephisto** (leise):

> Teufel, möchte fast ich sagen,
> Diese können was vertragen.

(singt):

> Spielmann liegt schon hinterm Faß,
> Geige liegt daneben.
> Aber wir, die nüchtern baß,
> Woll'n die Becher heben!

**Chorus:** (jauchzend die Becher hebend und anstoßend):

> Woll'n die Becher heben!

**Mephisto** (singt):

> Pfaff oder Teufel, schwarz und weiß,
> Sei uns hoch willkommen.
> Keine Hölle macht uns heiß,
> Trinken wir mit Frommen!

(der Student, der Freigeist und der Naturalist heben den Pfaffen
in die Höh' und sagen):

**Drei:**

> Hoch, es soll der Pfaffe leben
> Und Freund Satan auch daneben!

**Pfaffe:**

> Kinder, ich beginn' zu schwitzen,
> Laßt mich bei Kath'rinchen sitzen.

**Mephisto** (singt):

> Sind die Lippen euch erstarrt,
> Laßt den Chorus fallen.
> Lehnt zurück ihr euch und schnarrt,
> Ich laß Pfropfen knallen!
> Returitari.

**Halber Chor heiser:**

> Ich laß Propfen knallen!

(Buchhalter, Landwirth, Naturforscher, Kaufmann, Idealist, Realist,
Philosoph, Mediciner, Staatsbeamter, sinken einer nach dem andern
unter den Tisch, im Rausche durcheinander und aufeinanderliegend):

**Mephisto** (leise):

> Nun die letzten Trinker nieder,
> Rasch erhebt sich keiner wieder.

(singt):

> Potz, wie hebt das Glas sich schwer,
> Schwerer noch die Augen.
> Bauch und Flasche sind stets leer,
> Kopf will nichts mehr taugen!

**Pfaffe:**

> Kopf will nichts mehr taugen!

**Mephisto** (singt):

In den Füßen liegt's wie Blei,
Kann es nicht verschweigen;
Hab' auf einmal vier statt zwei,
Muß nach vor mich neigen!
(Naturalist und Freigeist sinken unter den Tisch):

**Mephisto** (singt):

Gampt und gautscht! Bei Christi Bart,
Jetzo geht's zur Erde!
Welche Auferstehungsart
Ich wohl wählen werde?
(Student fällt untern Tisch):

**Mephisto** (singt):

Mir zu Füßen rings ein Knäul
Lauter Weinesleichen.
Sei's, ich leg' mich zu dem Gräu'l,
Ist's doch meinesgleichen!
Zulpt!
(Pfaffe fällt wie ein Sack zu den Übrigen).

**Mephisto**:

Nun auch die Kugel ausgerollt
Schlaft zu, so lang' ihr schlafen wollt. —
(zu den weiblichen Geistern):
Werft ab die Schürzen und das Mieder,
Schlüpft in die alten Formen wieder.
Hinaus zum nächtlichen Gejaide
Als Teufelsspuk in Wald und Haide!
(die Geister verschwinden):
(sich gegen Faust und Gretchen wendend).
Mein Pärchen dort im stillen Eck
Hat wohl erreicht den süßen Zweck?
Es ruhet Brust an Brust geschmiegt,
Sein Athem weht, ihr Busen fliegt;

Und das beredte Spiel der Augen,
Dies inn'ge Ineinander tauchen!
Wär' reichst mein Wort jetzt ausgeschmückt,
Das hätt' es nimmer ausgedrückt.


Nun aber dünkt mich's an der Zeit,
Daß ich dem Ehmann geb' Bescheid.
So wie in Schlaf ich ihn gewiegt
Er immer noch gefangen liegt.

(er geht auf ihn zu und legt ihm die Hand auf die Schulter).
(flüsternd):

Erwache Freund, und sieh genau
Den Buhlen dort mit deiner Frau!

**Ehmann** (aufspringend):

Ist's endlich aus, das Gaukelspiel,
Das meine Augen zwingend schloß!

(Fauſt und Grethe erblickend).

So, Teufel, bist du doch am Ziel?
Was sich in's Herz, ein Träumen, schloß
Muß ich in Wahrheit seh'n erfüllt!
O Gretchen, Gretchen!

Ha, gefühlt
Soll solche Schmach im Blute sein!

(auf Fauſt losſtürzend):

Verführer stirb!
Dies Weib ist mein!

(ein Messer aus der Brust reißend).

**Fauſt** (im Ringkampfe, deſſen bewaffnete Fauſt im Griffe ſeiner rechten Hand von ſich abhaltend, zugleich ſelbſt nach einer Waffe ſuchend).

**Mephiſto** (ihm einen Dolch reichend):

Mach' schnell ein Ende! Zaudre nicht!
Die Klinge sonst von selber sicht!

**Faust** (zum Ehemann):

Den Dolch gib jetzt aus deiner Hand.
Ich halt' ein andermal dir stand,
Wenn wir allein, dann mag entscheiden,
Wen sich der Tod wählt von uns beiden.

**Ehmann:**

Du kommst nicht lebend von der Stelle!

**Faust** (ergrimmt):

So fahre, Tollkopf, denn zur Hölle!
(er ersticht ihn).

**Mephisto:**

Brav! Diese Klinge ist geübt,
Sie weiß es, wie man haßt und liebt!

**Ehmann** (sterbend):

Der Strom des Lebens fließt zurück;
O Gretchen, du warst all mein Glück!
Du warst's, und doch, beim Himmel, nein —
Du sollst — dafür — gesegnet sein!
(stirbt).
(Gretchen kniet an seiner Leiche).

**Mephisto** (zu Faust, der unbeweglich auf das Weib starrt):

Hinweg!

Das sind nicht Trostesbilder,
Die stimmen dich, mein Freund, nicht milder!
Was ist's denn auch, ein toter Mann,
Ein weinend Weib, das schuld daran.
Du, der entwachsen allem Glauben,
Kannst Leben geben, Leben rauben,
Bist ja ein Gott in deiner Art —
So sei ein bißchen streng apart —
Und laß das finstre Augenrollen,
Es hat einmal so kommen sollen.

**Fauſt:**

Schweig Teufel!

Daß es alſo kam,
Daß einem ich das Leben nahm,
Den nie vorher ich hab' gekannt,
Den meine Lippe nie genannt,
Dem Glück und Daſein ich geraubt —
Die ganze Schuld fällt auf dein Haupt.
Du haſt die Fäden angeſponnen,
Du haſt geködert, haſt gehetzt,
Du lächelſt höhniſch nun zuletzt
Und denkſt, du haſt das Spiel gewonnen!
Mich ſchreckſt du nicht; die Höllenzüge
Hab' ich ſtudirt ſchon zur Genüge
Um ihrem Anſchlag zu begegnen.
Was du verfluchſt, das will ich ſegnen,
Was du vernichteſt, will ich retten,
Und Sinkendes erhebend betten.
Du trägſt bei dem gegebnen Wort
Dies Weib mit uns im Mantel fort.
Sie ſoll nicht trauern, ſie ſoll lachen,
Verſöhnt in meinem Arm erwachen.
Auf Bergen in verlaßner Klauſe
Sei fortan unſer neu zuhauſe.
Störſt du nur einmal ihren Frieden,
So ſind auf immer wir geſchieden.
Greif an!

**Mephiſto** (befehlend):

Es ſoll ſich dichter Nebel ſenken!

(zu Fauſt):

Das Weib iſt unnütz, ſchwere Laſt,
Dich reut noch einmal deine Haſt!
Fauſt, an die Stunde wirſt du denken!

**Fauſt** (ſcharf):

Mephiſto!

**Mephiſto**:

Ha, ha, ha, ich lache!

Das Übrige iſt deine Sache.

Auf, durch die Lüfte, ſchnell und ſchneller,

Gut Freund bin ich dem Landhauskeller!

(In einer Nebelhülle verſchwinden Fauſt, Gretchen und Mephiſto).

# Am Grabe der Mutter.

---

Mondhelle Sommernacht!

(Faust mit Gretchen).

Faust:

O Mutter, segne unsern Bund!
Was dich beglückt ein ganzes Leben,
Hast du als Erbe mir gegeben.
Ich kann erwarten nicht die Stund',
Wo Vater ich . . . .

(zu Gretchen):

erröthest du,
Dein Köpfchen birgst, die Augen zu?

Gretchen:

Ich fühle mich wie neugeboren,
Erinnerung hab' ich verloren.
Was ich empfinde ist nur Glück!
Wenn still ich Zukunftsblüthen pflück':
Dann scheint mir alles andre klein
Geg'n das Empfinden: Mutter sein!

Faust:

Herab vom Himmel schießt ein Stern!

Gretchen:

Ich glaub an Gutes ja so gern!

Hutschenreiter, Faust-Scenen.                    4.

**Fauſt:**

Wenn ich an meine Bruſt dich drück',
Und, Gretchen, in dein Auge blicke,
Dann kehrt auf ſehnſuchtsraſchen Flügeln
Der Kinderglaube mir zurück.
Ach! wieder glauben können, glauben,
Nicht wiſſen, ahnen, ahnen nur,
Ob ſolcher Segensfülle ſtaunen:
Das iſt verlorne Gottesſpur!

# Faust an Gretchens Grab.

(Nacht, Wind, Regen, Blitz, Donner)!

**Faust:**

Was willst du strenger Gott von mir?
Daß du mir alles hast genommen,
Was mich als Glück noch überkommen,
Das soll ich preisend danken dir?
Schlägt denn mit ungestümem Regen
Kein Herz in deiner Götterbrust;
Entbehrest du den stillen Segen
Des Fühlens süße, süße Lust?
Hast du Empfindung nur geschaffen
Für ungewisses Menschenloos;
Kannst du nur rächen, tödten, strafen,
Bist nur im Scheingewähren groß?
Weshalb bei meinem theuren Weibe
Ließt du geschehen, was geschah,
Daß ach! die Frucht von ihrem Leibe
Zu früh das Licht des Tages sah;
Daß unter martervollsten Schmerzen
Das, was sie liebend einst empfing
Und treu getragen unterm Herzen,
Beim ersten Lebensblicke starb

Und sie mit ihm zu Grunde ging? —
Wie dann Verzweiflung rasend wild
Um mein gerettet Sinnen warb,
Und meines Weibes Engelsbild
Mich schlaflos langen Nächten gab!
Wie oft in starrem, eis'gem Brüten
Saß ich an meiner Liebe Grab'. —
Da sahst du wohl in Gnad' und Güten
Auf mich, den Mann im Staub, herab?
O könnt' ich Wolken höher thürmen,
Als dieser Erde Grenze reicht,
Und vor dein weißes Antlitz stürmen,
Das einem Gletschergipfel gleicht;
Und mit dir kämpfen, mit dir ringen,
Nicht mit Gedankenschwertes Kraft
Beflügelt hohen Geistes Schwingen —
Nein, mit des Hasses Leidenschaft.
Von deinem Haupt das lichte Scheinen
Wegreißen, das ihr heilig schwört
Und rufen: seht, es gibt doch Einen,
Der eures Götzen Ruhe stört.
Und tausend Flüche sollten schallen
Hervor aus der befreiten Brust
Durch die erstaunten Himmelshallen,
Das Echo meiner Rächerlust.

(Mephisto tritt auf).

**Mephisto:**

Habt ihr nun glücklich ausgetobt?
Mich freut's, wenn ihr den Alten lobt.

**Faust:**

Wo warst du denn die ganze Zeit?
Kommst du nur immer, wenn's zu spät?

**Mephifto:**

> Freund, bischen in der Ewigkeit.
> Was hälf' auch meine Gegenwart,
> Ihr wart verliebt nach Menschenart,
> Im allerbesten Stadium,
> Da alles schnurgerade krumm.
> Wo ihr nicht hören wollt, noch seht.
> Ich hab' es euch vorhergesagt,
> Nun steht ihr da und tobt und klagt.
> Erinnert euch, laßt's euch nicht kränken,
> Mein Abschiedswort, das ich euch bot:
> „Faust, an die Stunde wirst du denken."

**Faust:**

> Verdammter! Ungeheuer! Fluch und Tod!
> Nimm dich in acht! Es kochen meine Sinne!
> Der Ew'ge ist nicht zu erreichen,
> Du aber bist's, sollst nicht entweichen.
> O, wenn mir jemals gute That
> In meiner Seele Abgrund wie
> Ein Lichtstrahl hold versöhnend fiel,
> Wenn je der Quelle ich des Heils genaht,
> Ihr Anblick rettend mir gedieh,
> Und ich geschaut der Wahrheit Ziel —
> Mag ich auch dann zu Grunde gehn,
> Ich will vor mir im Staub' dich sehn!

(er stürzt auf Mephisto los).

**Mephisto:**

(eine Hand erhebend):

>                   Armsel'ger Faust!

(Faust bricht zu seinen Füßen zusammen).

> Die Einsamkeit trug üble Früchte.
> Ich führe dich in gänzlich fremdes Leben,

Will deinem Geist zu denken geben.
Noch hast du Elend nicht gekannt
Und Körperarbeit nur genannt! —
Die Blitze, wie sie uns umglüh'n,
Ganz ein annehmbar Funkensprühn;
Doch Vorspiel nur zu meinen Flammen:
Ein Bau der Zukunft bricht zusammen.

# Politisches Gespräch.

---

**Fauſt** mit **Mephiſto** aus dem Parlamente kommend.

**Fauſt:**

Auch neue Steuern werden Pflicht.
Wir haben zwar genug der Böcke,
Allein die Schafe, g'nügen nicht.
Ich könnt' ein Zukunftsbild dir malen:
Der Staat nimmt ſich die beſte Kraft
Um die Soldaten zu bezahlen,
Daß er im Frieden, Fried' ſich ſchafft.
Nun ſetze ich zum Beiſpiel blos
Es geht in allem Ernſte los;
Dann ſind in vierundzwanzig Tagen
Wir nicht allein auf's Haupt geſchlagen,
Nein, s'ganze Land iſt bettelarm.
Bau dir kein Neſt und halt's nicht warm;
Was noch im Kriege dein geblieben,
Wird zum Verluſtbudget geſchrieben.
Du, kannſt im Walde übernachten
Und deinem Hunger Worte ſchlachten:
Und wirſt du auch davon nicht ſatt,
Bleibſt du doch Bürger von dem Staat.
Wiegt dieſer Titel ohne Werth
Nicht auf dir Felder, Weib und Herd?

**Mephiſto:**

Du ſprichſt des Böſen hier zu viel;
Wohl jede Nöth'gung hat ihr Ziel.
Wenn's auch an Vielem uns gebricht,

Wer wenig hat, braucht vieles nicht.
Du lebst doch besser als das Vieh.

**Fauſt:**

O ſchöne Staatsphiloſophie!

**Mephiſto:**

Was ſonſt in einz'len Köpfen ſpukt,
Hat das Geſetz zuſammgedruckt.
In allen Sprachen kannſt du's finden,
Wenn du die Müh' dir nehmen magſt,
Die Antwort lautet, wo du fragſt:
„Von vorne iſt der Menſch gefährlich,
Unſchuldig iſt er nur von hinten".
Da iſt es wiederum erklärlich
Die Mode ſuchet zu erreichen
Das Vorn' und Rückwärts auszugleichen.
Auf Farb' und Antlitz kommt's nicht an,
Wird nur der Menſchheit Dienſt gethan.
Der Menſchheit in dem Sinn' Regierung
Dient ſolche Puppe als Legierung
Für das Gepräge ihrer Macht;
Und was ſie da hervorgebracht,
Soll ſcheinen ein gewaltig Dräu'n,
In Wahrheit Sand in's Auge ſtreun
Denjen'gen von den „Weiſen", „Dunkeln",
Die über Großmachtſtellung munkeln,
Die weiter ſehen als der Staat,
Trotzdem er ſcharfe Brillen hat.

**Fauſt:**

Allein ich glaub' der Größenwahn
Steckt auch geſunde Geiſter an.

**Mephiſto:**

Geſunde Geiſter? Lieber Freund,
Blick' um ſoweit die Sonne ſcheint,

Greif' in die Höhe, Tief' und Breit',
Du findest krank die ganze Zeit!

**Faust:**

O! könnt' ich aus den dunklen Schichten
Versöhnt den Blick nach aufwärts richten:
Könnt' ich das Elend dieser Welt
In's Meer „Vergessenheit" versenken,
Und unter „altem" Himmelszelt
Ein „neues" Paradies mir denken:
Könnt' ich es je mit Augen schaun
Wie frisches Grün das Aug' erfrischt,
Wie sich in kindliches Vertraun
Der ersten Liebe Regung mischt:
Ich gäbe gerne, gern' dahin
Das Wissen, das dies Leben krönt:
Vor jenem Gotte wollt' ich knien,
Der Wahrheit mit dem Schein versöhnt!

# Fauſt erzählt Mephiſto aus ſeiner Jugendzeit!

---

**Mephiſto:**

>Freund, wozu der Trauerflor?

**Fauſt:**

>Soll er doch als Zeichen dienen,
>Daß ein Etwas ich verlor.

**Mephiſto:**

>Sag'ſt du's mit ſo freud'gen Mienen?

**Fauſt:**

>Sieh, wenn mir ein Plan mißglückte
>Und ich zwar die Roſe pflückte,
>Doch das Rößlein unterm brechen
>Nicht verſäumte mich zu ſtechen . . .

**Mephiſto:**

>Räthſel geben dünkt mich ſeicht,
>Wo die Löſung heißt: beſiegt.

**Fauſt:**

>Alles nicht dem Vogel gleicht,
>Was, wie er, durch Lüfte fliegt.
>Laß' mich's ohne weitres Fragen
>Dir mit andern Worten ſagen:
>Mit zu kurz bedachten Zielen,
>Iſt es ſchwer den Teufel ſpielen.

**Mephiſto:**

>Wohl, wie haſt du's angefangen?

**Fauſt:**

Als im Lenz die Vöglein ſangen
Kannte ich ein junges Paar,
Das verliebt zum ſterben war.
Aber wie es meiſtens geht,
Irgend ein Malheur'chen ſteht
Der Verbindung ſehr im Wege.
So auch hier, dies wegzuräumen
Schien der junge Herr zu ſäumen.
Und das Mädchen, kindiſch Blut,
Fand auch was er nicht that, gut.
Als der Sommer ging zur Neige,
Und der Herbſt entlaubt die Zweige
War es außer allen Fragen,
Beide wollten ſie entſagen.
Er, weil ſeine Naſe ſchief,
Sie, weil man ſie Trude rief.
Jeder, der die Gründe kannte
Sie für vollgewichtig hielt.
Hier der Onkel, dort die Tante,
Als ein warnend Beiſpiel gilt.
Nachts, wenn andre Menſchen ruhn',
Hatte Trude nichts zu thun,
Als in ungeſtilltem Sehnen
Ihrer Lieb' Entſagungsthränen
Göttin Luna vorzuweinen,
Die ob ſolcher Fluth ergrimmt,
Ernſtlich ſich den Vorſatz nimmt
Vierzehn Tage nicht zu ſcheinen. —
Er, in allerlei Problemen,
Möchte ſich das Leben nehmen,
Täglich ſchrieb er wohl ein Blatt:
„Trude, ich hab's Leben ſatt!"

**Mephisto:**

> Weit entfernt von ernsten Thaten
> Sind solch' Selbstmordscandidaten.

**Faust:**

> Ich beschloß mich einzumischen,
> Seine Liebe aufzufrischen.
> Es gelang.
>
>            Hier füg' ich bei,
> Herrlich war sein Conterfei.
> Selbst die Nase war gerade,
> Haar und Bart wie Chocolade. —
> Auch die Trude war verändert,
> Ging nicht liebeskrank gewändert
> Sondern selbstbewußt, erhoben
> Blickt sie schwindelfrei nach oben.
> Aus der armen Jammertrude
> Wurde eine Angelruthe,
> Und es glückte ihr beim Fischen
> Einen Grafen zu erwischen.
> Dieser Graf, ein Kunz von Spuler,
> Meines Schützling's Nebenbuhler,
> War ein Jüngling ohne Tadel,
> Das verbürgte schon sein Adel.
> Doch, kein' Sonne scheint zu warm —
> Drum der Graf war leider — arm!
> Wem Freund, sollte nun ich helfen:
> Ghibelline oder Welfen?
> Aus dem Felde schlug ich beide
> Zu Gertrudens Augenweide,
> Bot mich selber als Galan —
> Und die Hexe nahm es an! —

Habe viel und schwer geduldet
Und gebüßt, was ich verschuldet.
Doch das Schicksal war mir gnädig,
Truden bin ich los und ledig.
Gestern hab' ich sie begraben,
Mög' der Herr sie selig haben!

**Mephisto:**

Nehmt den Spiegel, Freund, und schaut
Sieht denn so ein Teufel aus?

**Faust:**

Ja, ich seh's, aus Menschenhaut
Kann der beste Will' nicht raus.

**Mephisto:**

Faust, ich bin dir sehr gewogen,
Höre darum diesen Spruch,
Schreib' ihn in dein Tagebuch:
Teufel werden nicht geboren,
Teufel werden nie erzogen;
Wer nicht schon vor Raum und Zeit
Eines Himmels Glück verloren,
Nur durch äffisches Geberden
Hofft, ein Teufel doch zu werden,
Wird es nicht in Ewigkeit!

**Faust:**

Doch ich wünsche deinesgleichen
Geistverwandt noch zu erreichen!

**Mephisto:**

Wünsche! Halte fest dies Wort;
Recht, so pflanzt der Wahn sich fort.
Glaub', es reichen stets am Ende
Wunsch und Thorheit sich die Hände!

# Fauſt mit Mephiſto
## in der Friedrichſtraße zu B.
## Nächtliche Jagd!

———

**Mephiſto:**

> Iſt's nicht ein köſtliches Behagen
> So in der Straße hin und her
> Nach einem ſchönen Weib zu jagen?

**Fauſt:**

> Ich wünſchte nur die Straße leer!
> Wenn in erdrückend dunkler Fülle
> Aus Fenſtern niedergrüßt die Stille,
> Den ſchnöden Lärm des Tag's verlacht . . . .

**Mephiſto:**

> Ich find' im Gegenteile hier
> Lebendig wird es erſt bei Nacht.
> Ich habe teufliches Plaiſir
> Den Weiblein allen, die ſich zeigen,
> Ein Stückchen Weges nachzuſteigen,
> Indeß' ſie ſtolz vorüberrauſchen,
> Für Worte, Blicke einzutauſchen.
> Da nicket dir verſtohl'ne Glut,
> Dort offen werbend, kecker Mut,
> Gefärbtes Roth auf Mund und Wangen,
> Bald Hohn, bald neckendes Verlangen!
> Ein ſtummverlegen, keuſcher Gang,
> Ein Lachen, wie Trompetenklang,
> Vom Blonden durch in allen Tönen

Fließt hier ein Zauberstrom des Schönen
In's wilde Meer der schwarzen Locken,
Und so harmonisch hold vereint,
Wie sich der Flachs schmiegt an den Rocken,
Gefallsucht mit Verbuhltheit eint! —
Freund tritt ein wenig hier zurück,
Du wirst am Ende überfahren!

**Faust:**

Kann ich mich selber nicht bewahren?

**Mephisto:**

Ich bin nun einmal schon dein Glück!
In zärtlich Anschaun ganz versunken . . . .
Doch halt; hier wird die Straße enge
Und allzu arge das Gedränge.
Die Männerwelt ist wie betrunken,
Die Loose fallen dutzendweise,
Es dreht und wirbelt uns im Kreise;
Komm' Freund, wir steuern mehr nach rechts
Dort buhlt die Zierde des Geschlechts!
Kennst du ein größeres Vergnügen?

**Faust:**

Zu ernten, ohne erst zu pflügen?
Dein Antheil fällt von selbst dir zu.

**Mephisto:**

Ein Theil von mir bist ja auch du.

**Faust:**

Doch hoffe ich, dein bester Theil!

**Mephisto:**

Das Beste biet' ich niemals feil! —
Erlaube Freund, ich muß vergleichen:
Schau dir einmal die Mädchen an,
Reicht zu den üpp'gen Fragezeichen
Dein schmucklos Gretchen je heran?

**Fauſt:**

> O, nenne dieſen Namen nicht;
> Du mahnſt mich einer ſüßen Pflicht!
> Iſt morgen nicht ihr Todestag?

**Mephiſto:**

> Wozu jetzt dieſe thör'ge Frag?

(Fauſt ſenkt ſchweigend, in Erinnerung verloren, den Kopf; Mephiſto benützt dieſen Augenblick eine Gretchen gleichende Geſtalt in Fauſt's Nähe zu zaubern):

**Fauſt (aufſehend):**

> Ha! neckt ein Trugbild meinen Sinn?

**Mephiſto:**

> Der Aufſchrei bringet dir Gewinn:
> Es ſieht die Schönheit all' nach dir,
> Nun kannſt du um ſo dreiſter wählen.

**Fauſt:**

> Hör' auf mit Worten mich zu quälen!
> (leiſer) Das Mädchen, das nun ſcheu entweicht,
> Sag', ob's nicht meinem Gretchen gleicht?
> Darf ich das Wahngebild berühren,
> Werd' ich's berührend nicht verlieren?

**Mephiſto:**

> Ei, ſpute dich, du wagſt nicht viel.
> Sie wird ſich anfangs ſpröde zeigen,
> Biet ihr den Arm mit leichtem Neigen;
> Und wenn du ſchon nach Regeln wirbſt
> Verlier' die ein' nicht aus den Augen,
> Kein' andre kann dir beſſer taugen,
> Wenn du den Spaß nicht ſelbſt verdirbſt:
> Die Frauengunſt iſt nur ein Spiel!
> Du ſiehſt dem Weiblein in die Karten
> Und läßt es ganz vergeblich warten
> Auf deine Trümphe; wenn es ſchmollt,

Ist's nur Bewund'rung die es zollt;
Dann g'nügt von Leidenschaft ein Schein
Und — selbst die Sprödeste ist dein!

**Faust:**

Laß, laß mich jetzt, ich muß ihr nach!

**Mephisto:**

Doch nur hübsch sachte und gemach.
Zeigst du dich allzusehr erhitzt,
Es deiner Werbung wenig nützt.
Im Gegenteil, durch kalt Beginnen
Nur wirst du höchste Gluth gewinnen!

**Faust:**

Sie bog in jene Gasse ein!

**Mephisto:**

Wohlan, da seid ihr fast allein!
Ich will mir schon die Zeit vertreiben
Und mich so nebenbei beweiben.
Denn, wer ein echter Teufel ist,
Hat mehr des Hungers als er ißt.

(Faust ist dem Gretchen-Phantome nachgeeilt)

Zieht's dich dahin? Armsel'ger Thor,
Du täuschst dir immer etwas vor;
Ein Nichts zieht dich am meisten an,
Das Nichts als eigen, gläub'ger Wahn,
Der in versuchtem Können all
Nachjagt des Wortes leerem Schall.
Streb' immer zu und irre weiter,
Träum' zu; 's ist auch 'ne Himmelsleiter.

(Faust kommt sehr niedergeschlagen zurück).

Nun Freund, wie fiel die Werbung aus?

**Faust:**

Sag', hat die Wahrheit denn kein Haus?
Sobald sie sich in Formen birgt

Ist ihres Daseins Kraft verwirkt.
's ist einsam hier!

**Mephisto:**

Das find' auch ich!

**Faust:**

Zurück in's Leben führe mich!
Es ist entflammt nun mein Begehren,
Mein Innres hat sich aufgethan.
Hinweg aus diesem Raum, dem leeren,
Grinst höhnend mich das Schicksal an. —
Was nun ich finde, dünkt mir gut!

**Mephisto:**

Nicht wählerisch!

**Faust:**

Fürwahr mein Blut
Begehrt im Sturm sich auszutoben;
Vergebens blickte ich nach oben,
So kreuz' das Unten meine Bahn. —
Was tief in meinem Busen glüht,
Durch alle Adern rasend zieht,
Ist am Genuß die Lust allein;
O, herrlich Fühlen, Mensch zu sein!

**Mephisto:**

(beiseite) He! Wo der Mensch anfängt bei dir,
Beginnt in Wahrheit nur: das Thier.
Wohlan, es sei nun losgelassen!
So wirket alles stets verkehrt:
Haß' ich, erschein' ich liebbeschwert
Und wo ich lieb' schein ich zu hassen!

**Faust:**

Die Dirne dort sei mein zur Stund!

**Mephisto:**

Der Teufel segnet euren Bund. —
Er führt sie weg!

        Ich muß gesteh'n,
Die Brautnacht würd' ich gerne sehn.
Allein, wenn Zweie liebend ruhn
Gibt's für den Dritten nichts zu thun.
Und blos zu sehen was ich weiß —
Stumpft Neugier ab, dünkt Narren Preis!

# Fauſt erzählt Mephiſto den Sieg des Volkes über die Kirche im Civil-Ehe-Kampf in Ungarn!

---

**Fauſt:**

Freund, eine wicht'ge Neuigkeit!

**Mephiſto:**

Gibt's noch was Neues in der Zeit?
Ich hab' in manchen tauſend Jahren
So viel des Alten ſchon erfahren;
Neu iſt des Alten wechſelnd Bild!

**Fauſt:**

Ein neuer Stein im Freiheitsſchild!

**Mephiſto:**

Des Geiſtes oder der Natur?

**Fauſt:**

Des Geiſtes!

**Mephiſto:**

Ewig falſche Spur. —
Nun alſo, wo iſt was geſchehen?
Am Tiber, an den Pyrenäen? —
In Spree-Athen? — am Donauſtrand? —
In Franken- oder Engel-land? —
Hat ſich der Ruſſe aufgebläht? —
Bulgarien neuen Ruhm geſät?
Frag' lang' ich um zu hören blos:
's iſt in Marokko etwas los!

**Fauſt:**

O, flügelnd, witz'ger Höllenknecht,
Dir dienen deine Späher ſchlecht!

**Mephisto** (beiseite)

Er mag sein Wissen ausposaunen,
Das fügt sich just in meine Launen.
Was soll mir die Civil-Eh' nützen?
Das ist kein Raub von Petri's Stützen!

(laut) Die faulen Späher sollen's büßen,
Daß Menschen mich belehren müssen,
Wie es auf Erden geht und steht.

**Faust:**

Aus Ungarn Freiheitsodem weht!

**Mephisto:**

Ward ein Minister gar gestürzt
Und ein polit'scher Schlangenleib
Um seines Hauptes Läng' gekürzt?

**Faust:**

Nein Freund, dort kämpft man um ein Weib,
Und hör' dem Weibe ward der Sieg!

**Mephisto:**

Wie könnt' ein Mann auch Sieger sein
Aus roher Kraft und Stolz gemacht?
Den Sieg erringt was schön und fein
Und aus verliebten Augen lacht!

**Faust:**

Ein Volk in seinem besten Sinn,
Warb um den Preis.

**Mephisto:**

Und der Gewinn?

**Faust:**

Und der Gewinn ist schönster Preis:
Die Kirche schweigt auf sein Geheiß!

**Mephisto:**

Die arme Kirch': ich ahn' die Schmach,
Es gilt der Jubel der Weg-Taufe?

**Fauſt:**

Das war des Kampfes erſtes Glied,
Raſch folgt' ein zweites, drittes nach;
Vom Regen kam ſie in die Traufe!

**Mephiſto:**

Wer ſpielte denn den Winkelried?

**Fauſt:**

Aus einem Kopf das Denken ſtammt,
Doch hat der Wunſch ein Volk entflammt:
Und was ein kühner Geiſt begonnen
Hat nun ein wack'res Volk gewonnen.

**Mephiſto:**

Laß' mich mit Volk, Wunſch, Geiſt in Ruh!
Sag' was geſchah, und wie ging's zu?

**Fauſt:**

Aus dieſen Worten ſpricht Verlangen,
· Kann man damit auch Teufel fangen?

**Mephiſto:**

Der Teufel ſelbſt hat ſchwache Stunden!

**Fauſt:**

Dir ſoll der Zweck, das Ziel mir munden! —
Du weißt, ganz in der Pfaffen Hand
Gab Recht, Geſetz, den Eheſtand.
Das Eheſchließen, Eheſcheiden,
Lag einzig in der Kirche Gunſt,
Und jedes Finden oder Meiden,
War Schachzug ihrer ſchlauen Kunſt.
Hat ſich die Kirch' bis jetzt allein
Solch Machtbefugnis anerzwungen,
So iſt es nun dem Staat gelungen
Sich von der Feſſel zu befrei'n.
Fortan ob Ehe giltig ſei
Beſtimmt nicht mehr die Cleriſei,

Nein, Gültigkeit die Eh' nur hat
Ward sie geschlossen durch den Staat:
Dem Standesamt vor zwei der Zeugen
Muß sich ein Herzensbündnis beugen.

**Mephisto:**

Im Wechsel hoffet ihr das Glück;
Noch ein gerettet Glaubensstück!

**Faust:**

Und nicht blos, daß die Eh' nicht gilt,
Wenn ab ein Pfaff' die Trauung hielt
Bevor der Staat ihr lieh die Kraft
Der Gültigkeit, die sie erfreut,
Es wird der Priester so bestraft,
Daß seine frühe That ihn reut!

**Mephisto:**

Ganz schön und gut; doch fürchte ich
Meist ohne Wirkung bleibt der Stich.

**Faust:**

Wieso?

**Mephisto:**

Das gläubige Gemüth
Wohl immer erst zum Pfaffen zieht;
Und soll der Pfaffe sich's versagen
Dem Staate seine Macht zu kürzen,
Den Freiheitstrank mit Spott zu würzen?
Büßt selbst er seine Stellung ein,
Sie galt hier doch nur mehr zum Schein.
Groß ist die Welt, wie eng' sie sei;
Der Papst spricht seiner Schuld ihn frei!

**Faust:**

Der Papst in Rom? So sehr er schielt,
Ich glaub' nicht, daß er Mittler spielt;
Er geht auf demokrat'schen Wegen.

**Mephisto:**

Noch wirkt sein Bannspruch und sein Segen!

**Faust:**

Er hadert nicht ob jedem Dinge,
Das mittelbar sein Ansehn raubt!

**Mephisto:**

Unsichtbar wirft er eine Schlinge
Der ganzen Menschheit um das Haupt.

**Faust:**

Du sprichst, wie aus vergang'ner Zeit!

**Mephisto:**

Du unterschätzt sein' Heiligkeit!
Ist manches anders in dem Reich,
Die Schlange blieb an List sich gleich.

**Faust:**

Ei List gen List', und schließlich bleibt
Das Schwert des Geist's, das sie entleibt.

**Mephisto:**

Genug davon! Erzähle frisch
Was sollen Scheidungsgründe sein,
Und wie steht's um die höhren Weihn?

**Faust:**

Da fing der Staat 'nen großen Fisch,
Der in dem Teich der Kirche schwamm;
Hier zieht er seine Zügel stramm!
Als Scheidungsgründe gelten zwar
Was bis zur Stunde üblich war.
Allein der Hindernisse zwei
Stieß man aus der gewohnten Reih:

Zuerst Rel'gionsverschiedenheit,
(Ein Denkmal der Gerechtigkeit)
Zum zweiten sind die höhren Weihn
Kein staatlich Ehehinderniß.
Ein Priester, der sie einst empfing
Und danach eine Eh' einging
Verfällt der Kirchenstraf' gewiß,
Doch bleibt die Eh' in Recht und Kraft.

**Mephisto:**

Das ist nur halb gelöste Haft.
Find't solch verliebter Prediger
Sich mit dem Staat auch gütlich ab,
Die Kirche schleudert ihn in's Grab,
Daraus entrinnt er nimmermehr.
Dann mag sein eh'gesetzlich Weib
Sich freuen an dem eig'nen Leib.
Ein' kurze Frist zwar grämt sie sich,
Dann äugelt sie, doch schämt sie sich.
Bald wagt Gefallsucht sich hervor,
In Grau verliert sich Trauerflor.
Nach halbem Jahr, wer das nicht wüßt',
Ein Grün die Farb' der Hoffnung ist.
Zuerst als Schmuck blos auf dem Hut,
Das frischet auf und kleidet gut.
Dann wagt sich's an die Taille gar!
Indeß es kühn nach abwärts streicht
Stiehlt manche Rose sich in's Haar,
Der Hoffnung Grün der Liebe weicht.
Bald prangt in hellen Liebestönen
So Kleid, als Angesicht der Schönen;
Zu Füßen liegt ihr der Galan
Und sieh — der Pfaff' ist abgethan!

**Fauſt:**

Dann hat das Weib ihn nie geliebt!

**Mephiſto:**

Geliebt, o ja! doch hindert's nicht,
Daß es ſich wiederum verliebt.

**Fauſt:**

Wo bleibt da Treue, Ehre, Pflicht?

**Mephiſto:**

Thor, glaubſt du denn, man kann die Treu'
Mit einem gold'nen Reifen binden?
Höchſtſelten wirſt du auch die Reu'
In eines Weibes Buſen finden.
Und floh die Treu', was gilt die Pflicht?
Ein Augenblickchen ſieht den Rauch
Als der erloſchnen Gluthen Hauch,
Doch ſchon das nächſte ſieht ihn nicht.
Was endlich anbetrifft die Ehr',
Da gilt kein Spruch ſo gut wie der:
Das Weib nur acht' ich ehrenwert,
Das dutzendweiſe liebt, gebärt!

**Fauſt:**

Wo führt dein ekler Spott mich hin?
Du zeigſt mir, daß ich beſſer bin.
Ein übermächtiges Verlangen
Nimmt Herz und Seele mir gefangen.
Ich will das Land mit Augen ſehn,
Wo Wunſch und That zuſammenſtehn.
Was mir ein Traum bisher erſchien:
Zu freiem Volke will ich fliehn!

(Fauſt ab).

Mephisto:

Das wird sich nicht sehr glücklich schätzen
Ein Vöglein, wie du bist, zu ätzen.
Dies Volk, weil's nun schon etwas hat,
Beweist Besitztum durch die That.
Ein Volk erprobt in solchen Stücken
Entfernt sich stolz aus meiner Bahn;
Bei Zeiten muß man's unterdrücken,
Doch Geist vom Geist', wie fängst du's an?

# Schreibzimmer!

Faust, nachdenkend den Kopf in die Hand gestützt, an seinem Schreibtische.

**Mephisto:**

> Warum so ernsten Blick's, betrübt?

**Faust:**

> O, wüßtest du, was jüngst mich traf!
> Wie Freundschaft man an mir geübt,
> Wie aus vertrauensfel'gem Schlaf
> Mich bitterste Erfahrung weckte!

**Mephisto:**

> Erzähle, welch' ein Traum dich neckte.

**Faust:**

> Erzählen, Freund, was ich erlebt,
> Wonach ich, Herzensthor, gestrebt?
> Von dem Empfinden nur getragen
> Nichts andres denken, nur zu sagen
> Was übervoll in diesem Bronnen,
> (Aus dem ich Glauben, Hoffnung trank,
> Dem Freude ich und Dasein dank')
> Ich für das Leben mir gewonnen;
> An dem ich Priesterdienst geübt, —
> Den hat ein Weib mir jetzt getrübt!
> Und dieses Weib, so jung als kühn,
> Wollt' ich zur Priesterin erzieh'n;
> Ich fluche jenen schwachen Stunden,
> Die mich so arglos=treu gefunden
> Zu meines Bronnens heil'gem Schweigen
> Ihm durch mein Wort den Weg zu zeigen.

**Mephisto:**

Wie konntest auf ein Weib du bau'n?
Für dieses gläubige Vertraun'n
Verdienst du, was an Strafen nur
Die Menschheit selbst sich ausgedacht
Seit der Erschaffung der Natur,
Und Höllengunst ihr freundlich lacht.

**Faust:**

So leichten Kauf's ihn preiszugeben;
Mit Gründen, die so seicht und klein.

**Mephisto:**

Kann je ein thöricht Überheben
Auch nur der Größe Mantel sein?

**Faust:**

Den Bronnen, sagte sie zu mir,
Erschuf nicht eines Gottes Huld,
Und seiner glatten Fläche Zier
Sei nur der Spiegel seiner Schuld.
Und wenn aus ihm mein Handeln stamme
So sei es nicht der Mühe werth,
Daß eines andern Geistes Flamme
Als Helferin ihn schützt und ehrt!

**Mephisto:**

Mein Freund, mir gibt der eine Grund
Des Abfalls ganz Geheimniß kund.
Des Bronnens Zauber, wette ich,
Ihr eignes Sinnen so beschlich,
Daß die Befürchtung nahe lag
Des Herzens erst und letzter Schlag
Könnt' statt dem Priesterdienst allein,
Dem Priester hingegeben sein!

**Fauſt:**

Das glaub' ich nicht!

Denn dieſem Weib
Dient Liebe nur als Zeitvertreib,
Nicht liegt Beſtänd'ges ihm im Sinn,
Was wechſelnd freut nur iſt Gewinn!
Wer ihm die ſchönſten Worte ſagt,
Wer ohne Zögern nimmt, ſtatt fragt,
Wer im Verzichten, wie Verlangen
Gleich maßlos, ohne Ernſt, gegangen,
Es in weit feſt're Bande ſchlägt
Als der, den Wunſch und Traum beſeelt,
Wie er zum Kampf den Muth ihm ſtählt,
Der es in's Reich „Vertrauen" trägt! —
Als weit're Gründe gab es an
Wie ich des Bronnens Dienſt getan,
Und Denken, Handeln es gelehrt,
Sei ſtets in einer Art geſchehn,
Daß andre tadelnd nach uns ſehn,
Weil's die gewohnten Bräuche ſtört.

**Mephiſto:**

Wer nicht geboren als Prophet
In neugewählten Bahnen geht,
Verläßt die altersgrauen Gleiſe,
Der wird „Haus=Narr" genannt, ſtatt weiſe.
Ich kann dir nur das Eine raten:
Sowohl Gedanken, Freund, als Thaten
Halt' nach der Mode deiner Zeit,
Nur dann wird dir Gerechtigkeit!

**Fauſt:**

O, hätt' ich jemals ſpeculirt
Um Rang nach außen zu erringen!

**Mephisto:**

Wer ohne Glanz compromittirt,
Den zählt die Welt zu Schmetterlingen:
Und eh' er sich's versieht, ein Knab',
Wischt ihm die bunten Flügel ab.
Der Knabe führt, so falsch als fein,
Wahrheit erborgten Titel: Schein!

**Faust:**

Wär's nicht um meinen heil'gen Quell,
Das Weib vergäße ich gar schnell.
Und doch! der Wahrheit Sonnenschein
Küßt den getrübten Bronnen rein.
Dem Weibe, das im Recht sich glaubt,
Sei durch dies Wort sein Wahn geraubt:
Die erste Thrän', die es vergießt,
Des Herzens erste Reue ist.
Aus Sorgen taucht die Stund' empor
Wo es erfleht, was es verlor!

# Kirche.

Faust als Offizier steht am Ende der Bankreihen. Lisbeth und Anna
in einer Bank.

Anna (leise):

Siehst du dort, Lisbeth, an der Thür'
Den allerliebsten Offizier?

Lisbeth (ebenso):

Wir wollen ihn für uns gewinnen,
Laß, uns mit Blicken rasch beginnen.
Man sagt, der bannend feste Blick
Lenkt des Beschauten Aug' zurück.

Anna:

Er sieht mich an, beim Himmel, ja!

Lisbeth:

Ach, um mein Herz es jetzt geschah!

Anna:

Er trachtet näher schon zu kommen.

Lisbeth:

Gib acht, der Meßner nahet schon
Mit seinem Klingelbettelton.
Laß' spielen wieder uns die Frommen.

Anna:

Wie gräulich du die Augen drehst!

Lisbeth:

Wie gut du Heuchelei verstehst,
Dies heilig dumme Angesicht.

Anna (betend):

Herr, geh' mit mir nicht in's Gericht.

(sie murmeln Gebete; der Meßner kommt mit dem Klingelbeutel, sie werfen kleine Münzen hinein.)

**Meßner:**

> Gott segn' es euch!
> Empfangt den Lohn
> Nach Gottes Wunsch auf Erden schon.

(er geht vorüber.)

**Lisbeth** (leise):

> Ein Küßchen von dem Offizier!

**Anna:**

> Das duld' ich nicht!

**Lisbeth:**

> O, laß' ihn mir;
> Noch eh' die nächste Sonne scheint,
> Bringt er auch dir den Herzensfreund.

**Anna:**

> Komm', rasch; er ging zur Thür hinaus!

**Lisbeth:**

> Ach, wär' doch nur die Messe aus.

**Anna:**

> Halt' dir das Tüchlein vor den Mund,
> Als würd' dir Magenschwäche kund.
> So schwanke doch; ich will dich stützen.
> Hier muß ein bischen Ohnmacht nützen.
> Wir schlüpfen durch den Weihrauchduft
> Entschuldigt in die frische Luft.

(sie fängt Lisbeth, die nach obigen Weisungen verfährt in ihren Armen auf und führt sie langsam zur Kirche hinaus: die Umstehenden sehen ihnen bedauernd, kopfschüttelnd nach.)

**Alte:**

> Daß sich das dumme, junge Blut
> Für's Bethaus so fest schnüren thut!

**Erste:**

> Die haben gar nicht Gott im Herzen!

**Zweite:**

Ich hörte kichern sie und scherzen!

**Alte:**

So steht es heute mit dem Glauben!

**Meßner** (vorübergehend):

Ja, wie der Weinstock, so die Trauben.

# Im Wald!

**Fauſt:**

Wie bin ich froh, aus dieſem Meer
Von Dächern, Menſchen, los zu ſein.
Und weiß ich auch, ich muß zurück,
Und fällt mir der Gedanke ſchwer:
Mich freut des Augenblickes Glück,
Mich täuſcht des Augenblickes Schein! —
So lieg' ich wieder denn, Natur,
An deiner heil'gen Bruſt allein;
Und deines ew'gen Atems Spur
Macht alles Menſchliche ſo klein.
Die Jagd nach allem, was Geſchick
In Menſchendaſeins Rahmen zwingt,
Kürzt ſeiner Seele durſt'gen Blick,
Die hoffend nach Erkenntnis ringt.
Was wechſelnd ſtets im Wechſelleben
Der Stern des Auges forſchend ſchaut,
Iſt nur ein Teil von jenem Weben,
Das Gott einſt der Natur vertraut.
Und könnt' ich über Wolken ſtehn,
Des Luftall's weit'ſte Grenze ſehn,
Ich ſähe nicht die inn're Kraft,
Die in der Erde wirkt und ſchafft.
Und wär ich in der Erde Mitten,
Und hätt' ihr dunkles Reich durchſchritten,
Wo blieb der lichtumfloſſ'ne Raum?

Mich küßt die Nacht und neckt ein Traum.
Ein Teil vom Teil, der enge Kreis
Ist allen höchsten Strebens Preis! —
O Fluch, daß ich nicht fluchen kann,
Da sich des Fluches Spitze kehrt
Gen den, der fluchen mich gelehrt:
Des Herzens groß gezog'ner Wahn!

# Spaziergang!

**Mephisto:**

> Du weichst mir in Gesellschaft aus;
> Bin ich dir gut genug zu Haus,
> Dünkt dich mein Witz und meine Gaben,
> Die dir in Thaten, Worten treu,
> Nicht über solche Laun' erhaben?

**Faust:**

> Sprich weiter, Freund, ganz ohne Scheu!

**Mephisto:**

> Nun Freund, ei freilich, Freund nun, Freund!
> Bin ich's nur, wenn in Noth du bist,
> Wenn trüb die Sonne „Zufall" scheint,
> Wenn dir das A B C des Glaubens
> Zu kärglich dein Genügen mißt?
> Wenn du in thörichtem Verlangen
> Nach Früchten, die nicht reif sind greiffst,
> Der Buhle „Glück" in's Garn gegangen,
> Im Dunkel deines Wahnes schweiffst?
> Beliebt es dir, mich Freund zu nennen,
> Wenn dies und das dein Herz entflammt,
> Von diesem Titel mich zu trennen,
> Wo mich der „gute Ton" verdammt?
> Der gute Ton! ein schlechtes Wort:
> Und meist gebraucht an schlechtem Ort,

Wo Gier in Anstandskleidern geht,
Und Keuschheut ohne Hüllen steht.
In zarter Rede Zierlichkeit
Die Quelle rauscht der Lüsternheit;
Der Blick wie zag' nach unten flieht,
Indeß er nur verstohlen sieht
Wie von der gleichen Glut belebt
Der Schönen Busen hoch sich hebt.
Und mehr noch dieser art'gen Künst'
Sind eures guten Ton's Gewinnst. —
Weil ich nun mal ein Teufel bin,
Riß das Geschaute so mich hin,
Daß ohne rednerischen Kniff
Ich nach verbot'nen Früchten griff.
Da brach der Sturm des Anstands los!
Weil was ich that, ihr dachtet blos,
Und was im Beisein Vieler stört,
Euch Schätzchens Huld allein gewährt! —
Es wär' in meiner Macht gewesen
Den ganzen Kreis, so auserlesen,
Nur durch ein Winken meiner Hand
Zu schleudern in der Hölle Brand.
Daß nicht ich's that, o glaube mir,
Nur meine Liebe war's zu dir.
Dafür empfing ich meinen Lohn:
Den Vater schmäht der Hölle Sohn!

**Faust:**

Wie konntest du, o frech Ermessen,
So gänzlich allen Brauch's vergessen?

**Mephisto:**

Ja richtig; üb' Verzeihung, Freund,
Des Brauch's vergaß ich blinder Thor.

Wo That verschleiert nur erscheint,
Da schützt ihr klügelnd Bräuche vor.
Und wo die Bräuche nicht mehr langen,
Da hilft die Mystik freundlich aus. —
Laß' Gaukler einen Weisen fangen,
Für sie schaut dabei nichts heraus.
Sie ahmen nach ihn in Gebahrung
Und kleiden sich nach seiner Tracht:
Allein das Ende der Erfahrung:
Daß alle Welt sie drob verlacht! —
Hätt'st du statt Anstand, Brauch und Sitte,
Ohn' jede Höflichkeit, noch Bitte,
Mir vorgeworfen ganz allein:
Warum nicht wahrtest du den Schein?
Ich wäre jeder Antwort bar.
Doch dies verschwur mein teurer Held,
Ihm ist nur jenes völlig klar,
Was in das Reich des Geistes fällt.
Was in des Lebens kräft'gen Bahnen
Die rauhe Wirklichkeit versöhnt,
Davon genüget ihm ein Ahnen,
Das wissend selber sich verhöhnt. —
Verzeih', mich rufen wicht'ge Dinge,
Die ich allein nur lösen kann;
Die sogenannte Teufelsschlinge
Genügt nicht ganz bei Jedermann.
Doch eines, möcht' ich dich ersuchen:
Führt uns der Zufall unter Leute,
Laß' sie in allen Sprachen fluchen,
Verleugne mich nur nicht wie heute.
Leb' wohl, auf baldig Wiedersehn!

(ab.)

**Fauſt:**

O, ew'ge Macht, in fernſten Höhn,
Du gabſt Erkenntnis mir der Schuld
Als Erbteil deiner Götterhuld.
Gabſt mir die Kraft nicht, ſie zu meiden.
Mit Halbem ſegneſt du auf Erden.
Ich will von ſolcher Gunſt mich ſcheiden,
Bewußt ein ganzer Teufel werden!

# Gut — schlecht!

**Faust** (zu Mephisto):

Hast du Nietzsche gelesen?

**Mephisto:**

Nein, wozu auch. Was soll er mir nützen?

**Faust:**

Nützen, nichts; wohl aber in deinem Sinne schaden.
Er strebt über Menschliches hinaus, sein Übermensch
ist ihm das höchste Ziel der Menschheit, die Iden-
tificirung mit der unpersönlichen Gottheit.

**Mephisto:**

Das ist Torheit!

**Faust:**

Nein, das ist — Größe! Echte, unvergleichliche
Größe eines Genies!

**Mephisto:**

Da ich dieses Genie weder nach seiner Art,
noch seinem Geiste kannte, war es mir gleichgiltig;
nun aber, da du mir einen seiner Größenvorzüge
oder Ideenungeheuer nanntest, hasse ich es!

Die Menschen, wie sie jetzt sind — ohne höhere,
gewaltige, überwältigende Ziele, im grau-bleichen
Strome der täglichen Genuß- und Begierdesehnsucht,
unfähig an das Verlangen das Erreichen zu ketten,
von allen Lastern verfolgt, von sozialen und poli-
tischen Übeln in die Enge getrieben, nach alten,
verbrauchten Mitteln wie Religion und Philosophie,
als den scheinbaren Rettungsstrohhalmen vor dem

Ertrinken im Sumpfe des Sozialismus und den
vulkanischen Ausbrüchen der Anarchie langend, —
diese Menschen, deren kultureller, sündflutähnlicher
Aufschwung die Herrschaft des Fleisches begründet,
sind mir gerade so recht; denn je weniger sie denken
und handeln, dagegen aber umsomehr glauben und
wähnen, aristokratischen Stolz mit demokratischem
Stumpfsinn zu einer herrlichsten Blüte: dem
revolutionären Unvermögen vereinigen, so reicher
und mühloser fällt mir ihr bischen Witz und Kraft,
wie überreife Früchte in den Schoß. Ich habe
aufrichtigste Freude an der Zeit.

**Faust:**

Da habe ich dich ja, wo ich dich wollte. Du
hast Freude an der Zeit. Du haßt Nietzsche, weil
dieser Übermensch die Menschheit emporreißen will
zur schrankenlosen Freiheit des Gedankens und der
That: wohlverstanden der Freiheit eines verallge=
meinerten Genies.

**Mephisto:**

Übermensch! Verzeihe, wenn ich lache. Ich
erinnere mich da eines Namensvetters von dir, der
seinerzeit ebenfalls diesen Titel für sich in Anspruch
nahm, der sich aber mit all' seiner Titanenkraft
schließlich wie ein Kind in die Arme des Alten
flüchtete, um mir mein bischen Lohn, seine Seele,
dies unsichtbare, geistige Etwas, vorzuenthalten.

Nietzsche steht sicherlich nicht höher, als jener
Faust gestanden.

Nun hasse ich ihn nicht mehr, nein, ich habe
jetzt so zu sagen, eine Art teuflischer Verehrung
für ihn; ich will ihm meine Aufwartung machen.

**Fauſt:**

Zu ſpät, mein Freund: er iſt —

**Mephiſto:**

Beihnahe hätte ich gerufen: Zum Beſten der
Menſchheit! Aprospos, Freund; ſehr gerne wüßte
ich, was ich bei ihm für eine Rolle ſpiele, denn:

Seit mich ein großer Geiſt beſchrieben
Bin ich in aller Leute Mund.
Doch keiner will mich herzlich lieben,
Noch haſſen mich aus Herzensgrund.

**Fauſt:**

Wie er über dich denkt? Das iſt bald geſagt
Gar nicht! Du biſt für ihn überhaupt nicht vor=
handen.

Es giebt für ihn keine Perſonificirung des Böſen

**Mephiſto:**

Alſo auch nicht des Guten? Keinen Gott?
Wenn ich das meinem Alten erzähle, köſtlich, aus=
gezeichnet. Über das lange Geſicht habe ich dann
ein Jahrhundert zu lachen genug und mein ganzes
Höllengeſindel ruft „Proſt" und „Amen".

Sage mir, (ein göttlicher Menſch, dein Nietzſche)
aber „gut" und „ſchlecht", gibt es doch für ihn?

**Fauſt:**

Wohl, doch nicht in deinem Sinne.

Er ſtellt eine doppelte Moral auf: die „Herren=
moral", was für ihn die Bezeichnung „gut" iſt,
und die „Sklavenmoral", als ihr Gegenſatz, „ſchlecht".

Das „Gute" iſt demnach das Herrſchende, das
„Schlechte" das Beherrſchte.

Es wird und muß immer Menſchen geben, deren
geiſtige Übergewalt die Maſſen im Zaume hält;

deren Wort und That die Richtschnur, Gesetz ist
für die gedankenlose Schwäche, die Menge.

Die Größe, die Kraft, begeht nur ein scheinbares
Unrecht, wenn sie das Kleine, das Schwache zur
Unterwerfung zwingt; in Wahrheit ist es nicht nur
Recht, sondern auch die „Notwendigkeit des Guten".

Gerade so, wie die Schwäche, die Menge, das
Beherrschte, das Kleinliche, das Zersplitternde, das
Zersplitterte, die „Notwendigkeit des Schlechten" ist.

„Gut" und „Böse", wie du es dir denkst, giebt
es für den Großen, Genialen nicht; das ist nur
der Maßstab, den der Geringere, Schwächere, infolge
der Unzulänglichkeit seines Geistes und seiner That-
kraft, an den ihn Beherrschenden und seine Hand-
lungen legt.

**Mephisto:**

Das ist zum mindesten für alle großen Schurken
eine bequeme Einrichtung, um ungestraft und unge-
messen ihren Launen, (ich will sagen ihrer Genialität)
fröhnen zu können.

Das Wort Genialität ist somit der Erbe des
Glorienscheines meines Alten, oder menschlicher
gedacht: Genialität ist das Spiegelbild der päpst-
lichen Unfehlbarkeit.
Bravo, der Tausch gefällt mir!

**Faust:**

Höre einen Vergleich.

Hast du schon einmal einen Ameishaufen betrachtet? Das Getriebe, das Durcheinander ist dort,
wenn du aufmerksam beobachtest nichts anderes, als
das Muster der Zusammengehörigkeit und der Ord-
nung, geleitet und beherrscht von einem instinktiven

Triebe, den man ins Menschliche übersetzt mit „höherem Willen" bezeichnen müßte.

Da fügt sich die einzelne Ameise, in ihrer Mehrzahl das Volk, die Menge, ohne weiters in die Leitung der Führer, was aus instinktiver Ohnmacht, dem einzelnen individuellen Unvermögen des Alleinbestehens, entspringt.

Bei den Menschen wäre es das Bewußtsein der Unzulänglichkeit Träger einer großen Idee zu sein, die ihre Lebensfähigkeit nur durch Unterordnung der einzelnen, schwächeren Individuen unter die übergewaltige, geniale Kraft eines persönlichen Willens, erhält.

Blicke ein wenig in dein eigenes Reich, Mephisto.

Du bist der Träger des Höllengedankens und seiner Macht.

Wie stünde es nun darum, wenn jeder deiner Knechte, die doch nur Bruchstücke deines herrschenden Willens sind, nach seinem eigenen, kurzsichtigen Ermessen, die Bereicherung des schwarzen Reiches versuchte?

**Mephisto:**

Weh jenem Knecht! In Stücke riß ihn ein Wort seines Gebieters!

**Faust:**

Nun siehst du. Unsere Gesetze sind allerdings nicht so grausam und jüngst auch leider nicht so unduldsam gegen die Auflehnung schwacher und beschränkter Geister.

Und doch wäre gerade der Despotismus zum Heil der urtheils- und herrschens-unfähigen Menge.

Noch eins! Gebot, Befehl des herrschenden
Geistes schließt zugleich die Verantwortungslosigkeit
des Gehorchenden, Untergebenen in sich.

Verantwortungslosigkeit gegen sich und — Gott!

**Mephisto:**

Das ist dein Gedanke, Freund; denn Nietzsche
leugnet ja die Gottheit!

**Faust:**

Er würde die Verantwortungslosigkeit im allge-
meinen betont haben.

**Mephisto;**

Warum hat er sie nicht betont?

**Faust:**

Verzeih, wenn ich dir hier mit Nietzsche's eigenen
Worten antworte: Warum? Du fragst warum?
Ich gehöre nicht zu denen, welche man nach ihrem
Warum fragen darf.

Von mir höre ein gutes, deutsches Sprichwort:
Ein Thor frägt mehr, denn zehn Weise beantworten
können.

**Mephisto:**

Es klopft!

**Faust:**

Wer stört uns wieder?

**Mephisto:**

Gestatte, daß ich mich entferne
Und wiederkehre, wenn allein du bist.
Die neu'ste Teufelslaune ist,
Daß er noch mehr von Nietzsche's Weisheit lerne!